STEIERMARK IN FARBEN
in color   *en couleurs*

ISBN 3-7022 1159-5 Tyrolia
ISBN 3-222-10846-3 Styria

Umschlag: Gesäuse
Cover: Gesaeuse – Couverture: Gesaeuse

Die Übersetzung besorgte:
Alexandra Göbhart, Graz

1974

Alle Rechte bei der Verlagsanstalt Tyrolia, Gesellschaft m. b. H., Innsbruck, Exlgasse 20
Satz, Druck und Buchbinderarbeit in der Verlagsanstalt Tyrolia, Gesellschaft m. b. H.,
Innsbruck

ROBERT LÖBL

STEIERMARK

IN FARBEN — IN COLOR — EN COULEURS

*Mit dreisprachiger Einführung
und dreisprachigen Bilderläuterungen*

Textredaktion: Alexandra Göbhart, Graz

TYROLIA-VERLAG
INNSBRUCK · WIEN · MÜNCHEN
STYRIA-VERLAG · GRAZ

Blick vom Loser auf den Dachstein. Der höchste Berg der Steiermark erreicht eine Höhe von 2995 m. Der mächtigste Hochgebirgsstock im Grenzgebiet von Oberösterreich, Salzburg und Steiermark ist der östlichste Dreitausender der Alpen und eines der schönsten Klettergebiete Österreichs.

The Dachstein seen from the Loser. The mighty massif, situated at the point where Upper Austria, Salzburg, and Styria meet, is the easternmost peak in the Alps to reach almost threethousand metres. It is known by mountain climbers for its difficulty.

Le Dachstein, vu du Loser. Cette majestueuse montagne aux confins de la Haute-Autriche, du Pays de Salzbourg et de la Styrie culmine à 3000 m et est la plus haute montagne à l'Est des Alpes. Une audacieuse télécabine mène sur le sommet.

Die steirische Ramsau am Fuße des Dachsteins. Die 18 km lange und 3 km breite Hochfläche über dem Ennstal ist ein mit schönen Paarhöfen besiedeltes Bauernland, das durch seine vielen wunderschönen Wanderwege berühmt ist.

The Ramsau in Styria, at the foot of the Dachstein. This 18 km long and 3 km wide plateau above the Enns Valley is settled with handsome twin farms, a phenomen typical for this region.

La Ramsau de Styrie au pied du Dachstein. Ce haut plateau de 18 km de long et de 3 km de large domine la vallée de l'Enns. C'est une région agricole où l'on peut voir de belles fermes dans le style du pays.

Grimming vom Ennstal aus. Östlich des Dachsteins steht ein einsamer Gebirgsstock, der 2351 m hohe, sagenumwobene Grimming (zwischen Ennstal und steirischem Salzkammergut), ein Kletterparadies für erfahrene Bergsteiger.

The Grimming seen from the Enns Valley. East of the Dachstein, between the Enns Valley and the Styrian Salzkammergut, there is a lonely mountain peak to be seen, the legendary Grimming reaching 2351 m, a paradise for experienced mountain climbers.

Le Grimming vu de la vallée de l'Enns. Un paradis pour des excursions alpestres, le Grimming surmonte la vallée de l'Enns. Cette grande montagne est riche en legendes anciennes.

Pürgg mit Grimming. Auf dem Boden einer vorrömischen Siedlung entstand um 1160 dieses Dorf mit seiner berühmten Johanneskapelle. Die vor wenigen Jahren entdeckten romanischen Fresken füllen fast alle Kapellenwände.

Puergg on the Grimming. The village with the famous chapel of St. John dates back to 1160 when it was built on the soil of a pre-Roman settlement. The Romanesque frescoes, covering almost the entire wall-space of the chapel, were discovered only a few years ago.

Le village de Puergg am Grimming. Il fut fondé en 1160 sur l'emplacement d'une ancienne agglomération romaine. Sa chapelle Saint-Jean est réputée pour ses fresques romanes découvertes il y a quelques années, elles recouvrent presque tous les murs de la chapelle.

Inhaltsverzeichnis

Heimat. Alois Hergouth 7
Einheit und Eigenart des Landes. Hanns Koren 8
Unity and particularity of the country. Hanns Koren 16
Unité et particularité du pays. Hanns Koren 22
Der Dachstein. Max Mell 27
Briefe aus dem Ausseer Land 28
Wie ein Traumbild. Franz Nabl 29
Abend auf dem Grundlsee. Viktor Buchgraber 31
Steirische Landschaft. Paula Grogger 32
Reiseland Steiermark. Udo Illig 37
Wortpalette Steiermark. Ernst Marboe 39
Himmlischer Weg durch die Höll. Liselotte Buchenauer 40
Der Tisch. Peter Rosegger 42
Durch die steirische Landschaft. Franz Nabl 45
Kleiner Berg ganz groß. Liselotte Buchenauer 57
Was die Quellen erzählen 60
Spätherbst. Hans Kloepfer 63
Elegie vom Rosenberg. Anton Wildgans 64
Erzherzog Johann und die Steiermark. Viktor Theis 65
Im Stadtpark. Alois Hergouth 75
„Forum Stadtpark". Alexandra Göbhart 75
„Steirischer Herbst". Alexandra Göbhart 78
Graz, eine Stadt, die nicht am Weg liegt. Hannelore Valencak 79
Liebe zur Steiermark. Hubert Mumelter 82
Oststeirische Schlösser. Ignaz Franz Castelli 85
Die Riegersburg. Joseph Freiherr von Hammer-Purgstall 86
Frühling im Sausal. Paul Anton Keller 87
Der steirische Schilcher. Franz Leskoschek 90
Schloß Seggau. Karl Amon 91
Flavia Solva. Erna Diez 95
Der Brotloab. Paula Grogger 101
Quellennachweis 102

Heimat

Sprich diesen Namen leise aus,
laß ruhn die Fahnen und die Trommeln.
Es ist genug, wenn du nur fühlst,
wie es in dir daheim ist,
so von Anfang her vertraut,
so bergend und geborgen
wie du in ihm.

Nenn es so einfach, wie du Mutter sagst und Brot,
wie du den Freund, den Bruder, die Geliebte segnest.
Auch wenn du abseits stehst und schweigst,
wird noch ein guter Klang
in deiner Seele sein.

Denn was man liebt,
was sich so innig, so zutiefst ergibt,
braucht man nicht zu beschwören.
Man tötet nur, was man zu laut bedrängt.

So rein wie hier
blüht Licht auch in den fremden Gärten.
Von Stadt zu Stadt, von Land zu Land,
auf allen Meeren, über alle Grenzen hin
führt eine Spur –
sind Menschen, Mütter, Kinder, Väter,
sind Schwestern, Brüder
so wie du und du.

Nur daß du weißt,
daß dies dein Nächstes ist,
dein Ort, dein Erbteil, dieses Land –
daß du es liebst:
es ist genug.

Alois Hergouth

Einheit und Eigenart des Landes

Wenn wir von der Einheit der Steiermark sprechen, so schreiben wir diese Eigenschaft freilich auch dem geschlossenen Territorium zu, dem in die Landkarte eingezeichneten Knie. Aber wir verstehen unter dieser Einheit auch einen Zusammenhang und einen Zusammenhalt, eine Kontinuität also, die das Land nicht nur als Fläche, sondern als ein mit dem Boden verwachsenes historisches Gebilde von der Gegenwart bis zu den gerade noch faßbaren historischen Anhaltspunkten zurückverfolgen läßt. Gerade in dieser geschichtlich belegten Einheit und Zusammengefaßtheit des Landes, wenn sie auch keineswegs lückenlos nachweisbar und vor allem für die vor- und frühgeschichtlichen Epochen mehr zu erahnen als zu belegen ist, erblicken wir die Begründung und die Bewahrung einer dem Lande eigentümlichen Geistigkeit, die ihrerseits wieder die Einheit erhalten, aber auch die Eigenart der nacheinander in diesen Raum einwandernden Stämme immer wieder durch den gleichen Stempel prägen hilft.

Es scheint kein Zufall zu sein, daß gerade der Bereich, der später und bis zum heutigen Tag zum Kernstück der Steiermark zu rechnen ist, schon in vor- und frühgeschichtlicher Zeit eine gewisse Siedlungsdichte aufgewiesen hat. Kalkhöhlen im Murtal zwischen Bruck und Graz wurden schon in der älteren Steinzeit und noch später bewohnt. Waren es auch keine Wohnsitze im heutigen Sinn für den Jäger dieser frühen Menschheitsgeschichte, so waren es doch Fixpunkte, die der Wirtschaftsweise entsprachen und sie möglich machten und damit gleichzeitig ein gewisses Ordnungsgefüge in den von ihm erreichbaren Raum hineinbauten. Und eben dieses Gebiet, das Land der Höhlenmenschen, wenn wir uns diesen etwas freien und ungenauen Ausdruck leisten dürfen, gehört nun ganz hinein in jenes freilich weiter nach Süden und nach Osten ausgreifende Territorium, das sich als einheitliches Kulturgebiet schon lange vor der Römerherrschaft herausgebildet haben dürfte und durch die Gründung der Römerstadt Flavia Solva und ihres Stadtbezirkes unter Kaiser Vespasian (69–79 n. Chr.) die erste klar faßbare rechtliche Organisation und Abgrenzung gefunden hatte.

Nach dem Untergang des Römischen Reiches und der Landnahme durch die Alpenslawen gehörte dieses Land an der Mur ohne bestimmte, uns bekannte Grenzen in den Bereich des nun Karantanien genannten und von einem slawischen Herzog regierten ehemaligen Norikum. Wenn auch nicht immer sichtbar und greifbar in den Folgen, so haben doch auch gewisse historische Fakten, die in die zweite Hälfte des ersten Jahrtausends fallen, für die spätere Entwicklung zur Landeseinheit in direkter Konsequenz oder in mittelbarer Wirkung ihre Bedeutung gehabt. Für das ganze Karantanien, so auch für diesen seinen östlichen Teil, war es von entscheidender Bedeutung, daß in der Mitte des 8. Jahrhunderts Borut, der Herzog der slowenischen Karantanier, beim bayerischen Herzog Odilo aus dem Hause der Agilolfinger Hilfe erbeten hat, als die Awaren neuerlich den Versuch machten, die Alpenslawen wieder unter ihre Herrschaft zu bringen. Damit kam Borut und mit ihm sein Land, die spätere Steiermark, unter die Oberhoheit Odilos und durch dessen Abhängigkeit vom fränkischen Reich in

die Zuordnung zu jenem großen abendländischen Völker- und Kulturbereich, der heute noch als die westliche Welt seine historische Konstanz besitzt. Damals hat die Grenzmarkstellung, die in einem gewissen Sinne unser Land schon in der norischen und vornorischen Zeit auferlegt erhalten hatte, ihre endgültige Bestätigung gefunden. Nicht minder bedeutungsvoll für die geistige Konstituierung der späteren Landeseinheit scheint uns jene auf das Jahr 798 zurückgehende Zuweisung unseres Landes an die von Karl dem Großen und Papst Leo III. geschaffene Salzburger Kirchenprovinz gewesen zu sein.

Nicht mehr als Zufall kann es erscheinen, wenn Otto der Große im Zug der Neuorganisation der Marken nach der Schlacht auf dem Lechfeld 955 zum Schutz des karantanischen Herzogtums gegen Osten die karantanische Mark schuf, die von der Kalten Rinne bei Mixnitz bis an den Radl und an die Mur bei Ehrenhausen reichte und wieder, im großen gesehen, mit dem uns schon aus der früheren Geschichte vertrauten Raumgebilde zusammentrifft. Der erste Markgraf war der Eppensteiner Markward, und seinen verwandtschaftlichen Beziehungen ist es wohl zuzuschreiben, daß die Grafschaften im Ennstal, zu Leoben, in Judenburg und im Mürztal sich bald und immer fester mit der Mark verbanden. Auf diese Zeit geht unsere heutige Steiermark zurück, wenn sie ihren Namen auch erst seit der Herrschaft Otakars aus dem bayerischen Grafengeschlecht der Traungauer erhielt, der sich – einer Sitte seiner Zeit gemäß – schon um 1050 nach seiner Hauptburg Markgraf von Steyer nannte. Sein Enkel Otakar III. brachte mit dem Panther im Schild wohl das Wappentier in das Land, in dem man den steirischen Volkscharakter treffend symbolisiert zu sehen sich bemüßigt fühlt. Markgraf Otakar IV., der letzte seines Stammes, erwirkte 1180 von seinem Oheim Friedrich Barbarossa die Erhebung der Steiermark zum rechtlich schon im 12. Jahrhundert durchaus als Einheit anerkannten Herzogtum. Dieser Otakar tat aber noch ein anderes: jung an Aussatz erkrankt und ohne Hoffnung auf Leibeserben, verfügte er in den beiden berühmten Urkunden, die im Jahre 1186 in Georgenberg ausgestellt wurden, den ersten Anschluß und die erste Bindung der Steiermark an Österreich. Ein historisches Faktum, das die auch doppelsinnig zu verstehende und auch heute gültige Parole begründete: ohne die Steiermark gibt es kein Österreich.

Die Landschaft und die Geschichte haben die Eigenart des Landes bewirkt. Und wenn es eine gemeinsame geistige Grundhaltung der Steirer gibt, die sich trotz aller Widersprüchlichkeit der Äußerungen auf eine gemeinsame Wurzel zurückführen läßt, so muß sie in bestimmten geschichtlich erfaßbaren Geschehnissen und Fakten begründet sein. Die Eigenheit des Volkstums der Steirer wächst aus vielen übereinandergelagerten historischen Schichten.

Wieviel sich unmittelbar weitergehalten hat von den Ostnorikern, die in der Gegend von Kleinklein im Saggautal ihre große, heute noch von vielen grünbewachsenen Tumuli gekennzeichnete Metropole hatten, wissen wir kaum. Ihre Erben waren die Römer, die unweit davon ihre Stadt Flavia Solva gründeten, aus deren Marmortrümmern sich die Erzbischöfe von Salzburg ihre Pfalz auf dem Seggauberg erbauten, als Mittelpunkt der Christianisierung und Germanisierung des Landes. Vorher waren die Alpenslawen, von den Awaren gepeitscht, in das Land gekommen, um hier mit den verbliebenen Kelto-Romanen zu jenem Volkssubstrat zusammenzuwachsen, das später in das weitaus überwiegende und immer aus der Altheimat sich ergänzende bayerische Element aufgenommen wurde und mit ihm vereinigt zu dem unverwechselbaren steirischen Volkstum sich ausgebildet hat. Was in den letzten anderthalb hundert Jahren zuzog aus den anderen österreichischen Erblanden, aus dem Sudetenland und aus dem Deutschen Reich, hat sich unschwer seinem Charakter eingefügt und ist zuweilen zu seinem überzeugtesten Bekenntnis bereit gewesen.

Die großen Mächte der Geschichte, die das Land und sein Volk zu seinem eigenen Wesen geführt oder auch gedrängt haben, sind vornehmlich drei bestimmenden Zeitaltern zuzurechnen.

Das erste ist das 13. Jahrhundert, dessen das ganze Abendland aufwühlende Bewegungen in der Erwählung Rudolfs, des Grafen von Habsburg, zum Deutschen König zu ihrer stillenden Kraft gefunden hatten. Das Land der Steirer war in dieser Zeit von fremdländischen Herren beherrscht und von fremdländischen Verwesern verwaltet. Auf dem Schloßberg hauste von 1254 bis 1260 der Ban von Kroatien-Slawonien, Stephan, als Statthalter des Ungarnkönigs Bela IV. Ihm folgte ein tschechischer Burggraf des Königs Ottokar Přemysl von Böhmen. Aber nach 1276 residierten hier die Burggrafen des Königs Rudolf I. und seiner Nachfahren. Im Widerstand zu den Landfremden mag sich der Behauptungswille des landbürtigen Adels und der Bürgerschaft und mögen sich die Grundzüge seiner Eigenständigkeit und Besonderung wenn nicht erst entwickelt, so doch nachdrücklich gefestigt haben.

Das andere Zeitalter war das 16. Jahrhundert, die Schicksalszeit der Glaubenskämpfe. In Graz residierte der Regent der innerösterreichischen Erblande, Erzherzog Karl II. Seine einsame und in ihrer Einsamkeit ergreifende, große Persönlichkeit wartet auf die Gerechtigkeit der geschichtlichen Beurteilung. Er hat als erster den Gregorianischen Kalender eingeführt, er hat die Grazer Universität und das Akademische Gymnasium gegründet. Maria Stuart war ihm als Braut empfohlen, wie sich auch Elisabeth von England noch knapp vor seiner Vermählung mit der bayerischen Prinzessin Maria an einem Ehebündnis mit dem Habsburger interessiert gezeigt hat. Welche unausdenkbaren Folgen hätte einer dieser Entschlüsse für die Weltgeschichte gebracht, wenn – wenn das Wenn in solchen Überlegungen einen Sinn hätte.

Erzherzog Karl hat der Glaubenskämpfe seines Jahrhunderts härtestes Treffen in sich selber auszutragen gehabt. Nichts kennzeichnet ihn und seine Situation besser als die historisch belegte Nachricht, daß der innerlich fromme und aus einem streng richtenden Gewissen an das katholische Bekenntnis gebundene Erzherzog jeden Sonntag mit seinem ganzen Hofstaat von der Burg zur Domkirche zog, daß er aber immer allein die Kirche betrat und alle seine Begleiter als Bekenner der neuen Lehre vor dem Tore auf ihn warteten. Und immer wieder ging er mit diesen gleichen Männern zurück in die Burg und hat mit ihnen weitergearbeitet die Woche hindurch, in einem harten Regiment, das am härtesten freilich für den Regenten selber war. Er hatte, dem Eid seines Hauses entsprechend, als Inhaber des ewigen und immerwährenden Generalates der windischen und kroatischen Grenzen die immer wieder ansetzende Hauptstoßkraft des Erbfeindes des Abendlandes, des Türken, zurückzuschlagen. Aber der gleiche Eid verpflichtete ihn, für die Erhaltung der ererbten Religion zu sorgen und zu kämpfen, oft im Widerstreit zu Menschen, die ihm persönlich und als Charaktere innerlich nahegestanden sind. Seine Einsamkeit und Verlassenheit tritt uns erschütternd in dem Bild vor das Auge, das ihn zeigt, wie er sich nach seinem Hinscheiden auf den ebenen Boden der Grazer Burg legen ließ. Wie ihn seine Nachwelt schätzte, zeigt das prachtvolle Mausoleum, das ihm sein Sohn Ferdinand im alten Domstift Seckau errichtet hat. Mit Karl und im Kampf gegen ihn haben die steirischen Stände und Bürgerschaften wieder Wesenszüge erworben, die bis zum heutigen Tage noch wirkungsvoll nachzuleben oder immer wieder aufzuleben scheinen.

Schließlich hat das Zeitalter, aus dessen Erschütterung die unmittelbaren Grundlagen unseres heutigen Daseins zutage getreten sind, das 19. Jahrhundert, die zeitlich uns noch am nächsten und darum wirkkräftigsten Impulse zum steirischen Eigenleben gebracht. Als ihr Bringer und Träger gilt nicht nur im Legendenton der volkstümlichen Überlieferung, sondern auch im klaren Licht der wissenschaftlichen Historie Erzherzog Johann von Österreich, der Steirische Prinz. Durch die Gründung des Joanneums und der Technischen Hochschule, durch die Wiedergründung der Universität, die Errichtung der Landwirtschaftsgesellschaft und des Gewerbevereins schafft er die Institutionen, aus denen sein fortschrittlicher und zugleich konservativer Geist in die wirtschaftliche und soziale Umschichtung, in die beginnende Industrialisierung und Demokratisierung mit prägender Kraft hineinwirkt. Daß er die Liebe zu diesem Land mit dem Lebensbund mit einem Mädchen aus dem Volke besiegelte, erhob ihn zum Sinnbild des Steirertums schlechthin, aus dem bis heute alle Kräfte und Mächte des Heimatlebens ihre Legitimation beziehen. Peter Rosegger, der aus der Einschicht und Armseligkeit eines Bergbauernhofes herausgewachsene Dichter, der zum Waldschulmeister seines ganzen Volkes werden sollte; Hans Kloepfer, der Arzt der Bauern und Bergleute im weststeirischen Industriebezirk, ein letzter Humanist hoher Bildung, Kulturhistoriker und Dichter aus tiefster Verbundenheit mit dem Volk seiner Heimat; Viktor Geramb, der Begründer des Steirischen Volkskundemuseums, der das Bauerntum und das Landleben in seinem Eigenwert und in seiner kraftvollen Kultur wieder sichtbar gemacht hat. – Sie alle sind auf den Spuren des Steirischen Prinzen Verwalter und Mehrer seines Erbes gewesen. Wenn wir den Klang dieser Namen vernehmen, dann meinen wir nichts mehr deuten zu sollen, nichts mehr beweisen zu müssen. Wer zwischen Tannen steht, wo sonst sollte er sein als im Wald!

Die Eigenart der Steirer erscheint trotz einer gewissen gemeinsamen Grundhaltung durchaus als Fächer mehrerer Eigenarten, die durch die verschiedenen landschaftlichen Abgrenzungen und vor allem durch die über die Landesgrenze von allen Seiten her hereinreichenden Nachbarschaften – das ist das steirische Schicksal – geprägt werden. Wie unterschiedlich sie sind, mögen uns drei Beispiele zeigen, die wir gegeneinander halten.

Welch eigenartig geprägter Landesteil, charaktervoll auch noch heute, wenn auch nicht mehr wie vor drei oder vier Jahrzehnten fast unberührter, ungestörter Rückzugsbereich altertümlichster Überlieferung in Sitte und Brauch, ist das Oberland um Murau! Die klare große Gotik des St.-Matthäus-Gotteshauses zu Murau, der Kirchen zu St. Peter am Kammersberg und Schöder, zu Ranten und St. Georgen ob Murau, in Stadl und trotz der späteren Innenausstattung auch noch des großartigen St. Lambrecht. Darüber die vielen froh bewegten Barockelemente, die nicht der Mur nach, sondern über Seebach aus dem Salzburgischen herein kommen und sich in den bäuerlichen Prangerbrauch, vor allem mit seinen

Schäferinnen und Schäferknaben und Schützenkompanien eingewoben haben. Und rundum ist Bauernland, gefestigt in den mächtigen, oft an Burgen erinnernden Höfen, breitgiebeligen Häusern mit dem stattlichen, aus Brettern gefügten Dach, das mit seinem Glockentürmchen ebenfalls an die Nachbarschaft des Lungau erinnert. Zu den ältesten Überlieferungen des Landes gehört das Faschingsrennen am „damischen Montag", ein Brauch, der Züge aufweist, die an frühe Nachbarschaft mit den Slawen und an Motive aus der Hirtenkultur denken lassen. Es hat sich in seiner ganzen Altertümlichkeit aber lebenskräftig nach dem Zweiten Weltkrieg wieder eingestellt und ist der allgemeinen Anteilnahme von jung und alt ebenso gewiß wie das Volksschauspiel, das, hier in diesem Landesteil besonders treu behütet, immer wieder in der Nachweihnachtszeit in Wirts- und Bauernstuben ohne Bühne und in strenger alter Art gespielt wird: das Genoveva-Spiel und der ägyptische Josef, das Paradeis- und Schäferspiel und besonders beliebt das von den St. Georgnern wieder aufgenommene Hirtenspiel.

Wie gegensätzlich zu diesem geschlossenen Volkskulturbezirk des oberen Murtales mutet das Land im Bogen des steirischen Randgebirges westlich der Mur an. Die typische Hausform ist durch den schmalen, oft steilen Giebel gekennzeichnet, gleichgültig ob er zu einem Bergbauernhof der oberen Gößnitz oder hinter Garanas oder zu einem Weingartzimmer zwischen Stainz und Deutschlandsberg oder zu den bäuerlichen Klein- und Mittelbetrieben des Sulm- und Kainachbodens gehört, deren Arbeitsjahr in der Reihe der leuchtenden Kukuruzkolben unter dem Dachvorsprung und im Berg der goldgelben Kürbisse in einer fast festlich wirkenden Leistungsschau seinen Abschluß findet. In Hans Kloepfer hat dieses Land vom Kainachboden bis zum Sulmtal seinen Deuter und Dichter gefunden, der die Mundart des Volkes als Form großer und ernster Dichtkunst erkannt und in seinem Gedicht von den drei Welten eine poetisch verklärende, aber das Wesen knapp und klar treffende Soziologie des Volkes in diesem Landesteil geschaffen hat: die Bergbauern, das Bürgertum der Kleinstädte und Märkte, und der Arbeiterstand, der um die Kohlengruben und Glashütten sich versammelt und vor allem aus den abwandernden Bauernsöhnen der West-, Mittel- und früher auch der Untersteiermark sich rekrutierte und ergänzte. Von großen altertümlichen Bräuchen hat sich wenig erhalten, wenn auch immerhin mehr, als in den Büchern steht. Aber die Musikalität der Bewohner ist uns von alters her gerühmt. Die Spiel- und Singgruppen der Weststeiermark haben Ansehen erlangt und bestätigen das Weiterleben der musischen Anlagen, die in dem letzten Jahrzehnt auch noch durch eine auffallend große Zahl von Begabungen der bildenden Kunst, der Bildhauerei und der Malerei jeglicher Observanz ein bemerkenswertes Gegenstück zur weststeirischen Musikalität besitzen. Einen Blick in die Volksseele dieses Landes, vielleicht in eine der heiligsten und tiefsten Stellen, gewähren die Votivtafeln in der still an den Berg gestellten, aber von seltener Innigkeit erfüllten und Geborgenheit ausstrahlenden Wallfahrtskirche Maria-Lankowitz.

Aber es wäre ungerecht, zu verschweigen, daß zur Eigenart dieses Landesteiles auch die Seligkeit des hellroten Schilchers gehört, der, wie es im Liede heißt, im ganzen Schilchertal zwischen Ligist und Eibiswald von alters her gezogen wird, am besten aber mundet auf einer Bank vor dem Kellerstöckl, das vom Kraxnerkogl bei Deutschlandsberg oder vom Dietersberg bei Ligist den Blick weitaus übers Land in blaue Ferne gewährt.

Grundlsee. Dieser grüne Alpensee, der 6 km lang und bis zu 1 km breit ist, liegt im Steirischen Salzkammergut und wird im Norden vom Toten Gebirge umrahmt.

The Grundlsee. This green mountain lake of 6 km length and 1 km width is situated at the foot of the „Dead Mountains" in the Styrian Salzkammergut. Throughout summer and winter it attracts many tourists.

Le lac du Grundlsee. Ce lac vert de 6 km de long et de 1 km de large est entouré de rudes montagnes rocheuses. Il est situé dans le Salzkammergut styrien. Le visiteur est enchanté par la beauté du site, qui, été comme hiver, attire de nombreux visiteurs.

Der Kurort Bad Aussee liegt am Zusammenfluß der drei Traun-Quellflüsse im Ausseer Land und ist der wirtschaftliche und kulturelle Mittelpunkt des Steirischen Salzkammergutes. Hier gewannen bereits Kelten und Römer Salz am Salzberg.

Bad Aussee in the Styrian Salzkammergut is situated at the confluence of the three sources of the River Traun. It is the economical and cultural center of the Styrian Salzkammergut. There the ancient Romans already won salt.

La ville de Bad Aussee. Situé au confluent des trois sources de la Traun, la petite ville de Bad Aussee est connue par sa production de sel qu'extrayaient déjà les Romains et les Celtes. Bad Aussee est le centre culturel et économique du Salzkammergut styrien.

Und wieder ganz anders ist das Ausseer Land. Wie es diesen eigenen Namen hat, ist es auch ein geschlossener Bezirk, der steirische Anteil des einstigen Kammergutes. Die Häuser sind im Äußeren keineswegs aufdringlich und prunkvoll, aber innen von einer Sauberkeit, die man sonstwo selten findet. Der Fußboden ist blank alle Tage wie die Ahornplatte des großen Tisches in der Stube. Der Menschenschlag, man meinte, daß sich keltische Typen in ihm feststellen ließen, ist wegen seiner Schlankheit und Schönheit bekannt. Die Sangesfreudigkeit der Gebirgsbewohner hat wie die Tracht ihre eigene Ausprägung und liebevolle Pflege bis in die Gegenwart erhalten. Die Bergleute, die hier seit der Hallstattzeit, also fast dreitausend Jahre schon, mehr als die Bauern das Volkstum trugen und tragen, haben ihren Ernst und ihre Lebensfreude in das Bild des Volkscharakters hineingewoben. Der Ausseer Fasching ist ganz anders als das Faschingsrennen im Hinterland von Murau, ein Volksfest, für das auch fremde Länder und viele Jahrhunderte ihren Beitrag geleistet haben.

Wer nur flüchtig durch das Land reist, merkt von dieser Mannigfaltigkeit nicht viel; wer als wohlwollender Freund das Land verläßt, mag einen Menschenschlag in seiner Erinnerung behalten, der nicht unfreundlich, aber auch nicht aufdringlich dem Fremden entgegenkommt, daneben sein Leben lebt, wie es ihm schicklich und geboten scheint, in einer Art, die er von seinen Voreltern ererbt hat und der er deswegen verbunden bleiben will.

Aus langen Studien hat Viktor v. Geramb seine Meinung über die Steirer so zusammengefaßt: „Die Steirer – so bajuwarisch sie dem Norddeutschen in Sprache und Gehaben anmuten mögen – sind im ganzen ernster als die übrigen bajuwarischen Stammesangehörigen, ernster, vielleicht auch um einen Grad schwerfälliger und schwerblütiger, um nicht zu sagen schwermütiger. Es liegt etwas Herberes und Dunkleres über ihr Wesen gebreitet, mehr als über dem des 'wifferen', gelenkigeren, witzigeren Kärntners, mehr auch als über dem des froheren, aufgeschlosseneren Donauländers oder dem des bewußteren, eigenkräftigeren Salzburgers oder Tirolers. Gewiß, rauflustig und sinnenfreudig sein, die Genüsse des Daseins rasch und keck aufraffen und ohne Bedenken in kräftigen Zügen schlürfen, das kann auch der Steirer, zumal in der Jugend, in reichem Maße. Er hat reichlich Gelegenheit gehabt, nicht nur die Vergänglichkeit des irdischen Daseins, sondern auch das 'carpe diem!' gründlich verstehen zu lernen. Aber die Genüsse des Lebens sind ihm nicht zum dauernd beherrschenden Lebensinhalt geworden. Nach kurzem Aufbrausen in der Jugend werden sie meistens recht bald in ihre ziemlich engen Schranken verwiesen. Das 'Deandlan' spielt im Steirerlied nicht im entferntesten die Rolle wie im Kärntnerischen und die steirische Volkskunst und Tracht ist in Formen und Farben – im ganzen gesehen – auffallend ernster, dunkler, sparsamer in jeglicher Buntheit und Heiterkeit als die donauländische, salzburgische, tirolische, bayerische. Ich sehe mit Hans Kloepfer das steirische Wesen am ergreifendsten in so manchem alten, furchenreichen, ernsten Bauernantlitz verkörpert, über das nur selten, dann aber umso schöner, ein leises Lächeln gleitet."

Über all die Vielfalt historischer Einzelheiten und Kleinigkeiten und sicherer und klarer als alle gefühlsmäßig bekundete und gefühlsmäßig erfaßbare Eigenheit des Steirerlandes und Volkes ragen einige wenige große Zeichen, Wahrzeichen der Steiermark im eigentlichen Sinn, heraus, Zeichen des Landes, die einmalig und

Böllerschießen am Grundlsee. Ein Böllerschütze in phantastischem Gewand zündet einen Böller zur Eröffnung des sogenannten „Stachelschießens", eines festlichen Schießens mit der Armbrust, das im Herbst im Salzkammergut auf geschmücktem Schießstand durchgeführt wird.

Shooting small cannons in the Salzkammergut. A man in fantastic dress shoots small cannons to start a shooting match wich takes place in the Styrian Salzkammergut in autumn.

Le tirant avec de petits mortiers. Un tireur en costume de fantaisie tire avec de petits mortiers au commencement d'un solennel tir d'arbalète, qui a lieu au Salzkammergut en automne.

unverwechselbar sind und nur diesem Land allein gehören. Zu ihnen rechnen wir den Erzberg, das Landplagenbild und das Zeughaus der Stände.

Ein wahres und großes Zeichen der Steirer ist der Erzberg im Oberland. Mit seinem dunklen Stufenbau mitten in großartiger Gebirgslandschaft hat er seinesgleichen nicht auf der Welt. Der Volksmund nennt ihn von alters her den „Eisernen Brotlaib" des Landes. Von ihm aus sind die Eisenstraßen gegangen, an denen sich Wohlstand und Kultur der Hammerherrenzeit ansiedelten, aus deren behaglichem Grund sich die großen Industriebetriebe des Landes entwickelten. Die Eisenstraßen kreuzten die Salzstraßen aus dem Ausseer Land, die im Gegenzug oft mancherlei Warenkram aus dem Süden und Osten ins Land brachten. Die Landgasthöfe – mit breiter Toreinfahrt und großer Stallung – in den Märkten oder an Straßenkreuzungen sind noch Zeugen dieser Zeit, wenn sie heute auch nur mehr als Haltestellen der Omnibuslinie vom Schatten einstiger Herrlichkeit und Bedeutung leben. Eine dritte Linie in das steirische Straßennetz und zugleich das fröhlichste Leben brachten die Weinstraßen, die aus dem Weingefilde der Untersteiermark kamen. Ihr schönster Teil liegt freilich in den Windischen Büheln und südlich der Drau. Aber was uns verblieben ist, das Weinland zwischen Ehrenhausen und Leutschach, wo jetzt wieder der Hopfen gezogen wird, und nördlich davon im Sausal, ist als Gegenstück zum Erzberg wieder unverwechselbar in seiner Stimmung und in seinem Bild. So sieht es nicht am Rhein und an der Mosel aus, nicht in der Wachau und im Burgenland. Die bewegten Höhenrücken mit den Pappeln und weißen Weingarthäusern und Kapellen vor dem Hintergrund des oft schon verschneiten Koralmzuges, wenn herunten der Herbst ein wahrhaft dionysisches Fest des Lichtes und der Farbe feiert – das ist das steirische Weinland.

Unverwechselbares Zeichen und steirisches Eigentum, in ganz Europa ohne seinesgleichen, ist das Zeughaus der Stände, das einmal die Rüstung für 25.000 Mann beherbergte. Heute noch birgt es unter den 30.000 Rüstungsstücken 3000 Harnische für Mann und Reiter und Roß. Für den Steirer ist es kein Museum, sondern das unvergängliche Zeugnis des Abwehrwillens und der Bereitschaft, die Heimat zu verteidigen. Die Steiermark hatte als „Vormauer des löblichen teutschen Landts" durch Jahrhunderte auf ihrem Boden die Einbrüche der Magyaren, Kuruzzen und Türken zu bestehen und abzuwehren. Ein Volk, das immer wieder vor Brandstätten steht, baut seine Wohnungen rascher und prunkloser als im verschonten Hinterland; es trägt sich schlichter in seinem Gewand und wird in seiner Kunstübung sparsamer mit den Farben.

Und so ist auch das Landplagenbild am Grazer Dom aus dem Jahre 1485 das ernsteste Zeichen und Symbol des Landes. Es schildert in verblassenden Farben neben der Türkennot die Heimsuchungen der Heuschreckenschwärme und der Pest und erklärt den Ernst und die Gottergebenheit im Antlitz der steirischen Volksgeschichte.

Aus jahrhundertealter Verwitterung leuchtet es in kargen Farben vom Landplagenbild unserer Domsüdwand, wie in einem Brennspiegel gefaßt: das Leiden und Dulden des Steirervolkes unterm blassen Trostregenbogen seiner Heiligen und Fürsten im weiten Himmel. Und was von diesem Marterbild wie ein Kreidfeuer aus der Türkenzeit von der Wand schreit, gilt nicht nur für seine Zeit, für jene trübselige zweite Hälfte des 15. Jahrhunderts. Es war immer schon das Schicksal des Steirervolkes, vorher und nachher, ein zähes Wehren, ein trutziges Dreinschlagen, ein Brandschutträumen und Wiederaufbauen, ein Sparen und Zinsen bei sauren Wochen und frohen Festen. Das war von jeher ein unverdrossenes Roden und Pflügen, schon überm Römerschutt, ein hastiges Ernten vor Feindeseinfall, ein Zusammenhasten von Schatzung und Kriegssteuer unterm treuen Schloßberg, bei Erbhuldigung und Glaubenskämpfen, Robot und Giebigkeit, Eisensegen und Weinberglust. Ein Bild, gemischt aus Lust und Leid, voll Geduld im Leben und Ergebung im Sterben.

Aber das Zeichen des Landes, vielleicht das „bezeichnendste Zeichen" für das Land, für den Charakter und für den Geist seiner Bewohner, liegt im Namen. Die Steiermark ist geworden, was sie ist als Mark. Die Grenze bestimmte ihr Schicksal und prägte ihre Menschen. Es war die alte Landesgrenze gegen Zagorien, Kroatien und Krain hin, und es ist die neue Grenze seit 1919, die einmal den geschlossenen Bereich des Landes in zwei verschiedene Sprachgebiete trennte und heute die Grenze der Steiermark, der Republik Österreich, der deutschen Sprache ist.

Grenzen sind jedem Volk heilig. Sie verpflichten nicht nur zu besonderer Besinnung auf eigenen Wert und eigene Bestimmung. Die Grenze ist auch über die Enge der eigenen Welt hinaus die Lehrmeisterin zur Kenntnis der anderen, zum Respekt und zur Einordnung in das Größere, in den Bereich des Menschlichen, in dem es keine trennenden Grenzen geben kann. Die Steirer insgesamt sind ein Grenzervolk. Sie haben die Pflicht und die Last und auch die Lust der Grenze getragen und gekostet, alle Zeit. Nicht nur territorial, auch im Geistigen sind die Steirer Grenzer. Immer, in allen geistigen und politischen Bewegungen, von denen sie erfaßt wurden, sind sie ganz hineingezogen worden und immer als die ersten ganz bis an den Rand, bis an die Grenze gegangen.

Grenzland ist die Steiermark heute wieder mehr denn je. Im Sockel der Mariensäule am Eisernen Tor, die zur Erinnerung an den Sieg Montecuccolis über die Türken bei Mogersdorf an der Raab am 1. August 1646 errichtet wurde, stehen in goldenen Buchstaben die Worte: Styria quod jurasti grata si vis servari serva. Steiermark, wenn du erhalten bleiben willst, dann halte, was du dankbar geschworen. Wir dürfen freier übersetzen: Steiermark, wenn du weiter existieren willst, bewahre dich selbst, das ist: dein Wesen, deine Einheit, deine Eigenart. Sie ist ein kostbares Geschenk in der Zeit der Vermassung auch der Völker und der unpersönlichen Zivilisation, die über die Welt geht.

Hanns Koren

Unity and particularity of the country

Speaking of Styrian unity we think of a complete territory. But this unity is also a coherence, a continuity of ground and history which may be traced from the presence to the early historical periods. Especially in this historical unity and continuity which cannot be completely authenticated in the prehistoric periods we see the cause and the preservation for a spirituality peculiar to the country. The latter helped to preserve the unity but also influenced the characteristics of the tribes that came to this area one after the other.

It seems to be no coincidence that especially that part which later on until today has made up the heart of Styria showed a certain density of population already in prehistoric times. Chalk-caves in the valley of the River Mur between Bruck and Graz were already inhabited in the early Stone Age. Though they were no dwellings in the modern sense of the word they were permanent points of meeting which were adequate to the demands of economic life, made it possible and formed a certain structure in this area. And precisely this area belongs to the territory which grew into a homogeneous cultural area long before the Roman occupation. By the foundation of the Roman city of Flavia Solva under Emperor Vespasian (69–79 A.D.) Styria found its first recognizable judicial organisation and borders.

After the fall of the Roman Empire and the occupation by the Alpine Slavs this country on the River Mur belonged to the area of Noricum which was then called Carantania and was ruled by a Slav duke. Certain historical events which happened in the second half of the area of Noricum which was then called Carantania and was ruled by a Slav duke. Certain historical events which happened in the second half of the first millennium, though not always traceable, have had their consequences and effects upon the later development of the unity of the country. For the whole of Carantania and therefore also for its eastern part it was of decisive importance that in the middle of the 8th century Borut, the Duke of the Slav Carantanians, asked Duke Odilo of the House of Agilolfing for help at the time when the Avars made another attempt to subdue the Alpine Slavs. With that, Borut and together with him his country, the later Styria, came under Odilo's supremacy and by latter's dependence upon the Franconian Empire Styria became part of that great occidental cultural sphere, which up to this day has its historical constancy. At that time the borderland position which, to some extent, our country possessed already in the Noric and pre-Noric times found its final confirmation. The assignment of our province to the diocese of Salzburg in 798, which was founded by Charles the Great and Pope Leo III, seems to be of no less importance for the spiritual constitution of the later unity of the country.

It doesn't seem a coincidence when Charles the Great, reorganizing the marches after the Battle on the Lechfeld in 955, founded the Carantanian Mark in order to protect the Carantanian dukedom, which stretched from the „Kalte Rinne" near Mixnitz to Radl and the River Mur near Ehrenhausen – an area which is familiar to us from early history – against the east. The first margrave was

Dachstein im Abendlicht. Die Gipfel des Dachsteins tragen die östlichsten und nördlichsten Gletscher der Alpen, welche nur unterirdische Abflüsse haben. Sie sind ein beliebtes Sommerschigebiet.

Dachstein in the twilight. The Dachstein, now scaled by a cable railway, is bearing the most northern glaciers of the Alps and is a popular region for summer-skiing.

Le Dachstein, le soir. Sur les sommets du Dachstein brillent des glaciers dont l'eau s'écoule sous la terre. C'est l'endroit préféré des skieurs d'été. La face Sud a près de 2000 m de hauteur et offre de nombreuses possibilités aux alpinistes.

Hauser Kaibling. Einer der wichtigsten Berge im steirischen Schigebiet um Haus im Ennstal. Einige Schlepplifte führen zum Start der FIS-Abfahrtsstrecke.

The Hauser Kaibling. One of the most important mountains in the Styrian ski-region. There are several lifts leading to the international down-hill course.

Le Hauser Kaibling est une des montagnes les plus importantes autour du village de Haus dans la vallée de l'Enns. Beaucoup d'ascenseurs mènent au départ de la descente « FIS ».

Markward of Eppenstein. It is due to his family ties that the lands in the valley of the River Enns, Leoben, Judenburg and the valley of the River Mur were soon united more closely. The Styria of today goes back to that time, but did not get its name before the rule of Otakar, who came from the Bavarian family of Traungau. As it was customary at his time he called himself Margrave of Steyer after his principal castle as early as 1050. The panther symbolizing the character of the people has been introduced as a heraldic animal of the country by his grandson Otakar III. Under Margrave Otakar IV, the last of his family, Friedric Barbarossa made Styria a dukedom in 1180 Suffering from leprosy already in young years and having no hope of having children of his own Otakar brought about the first union and connection of Styria and Austria in the famous documents of Georgenberg in 1186. A historic fact which gave rise to the ambiguous slogan valid up to this day: Without Styria there is no Austria. Landscape and history established the peculiarity of the country. And if there is a common spiritual basis of the Styrians which inspite of all contradiction derives from a common root it must be based on certain historic events. The peculiarity of the Styrian national tradition has grown from various historic strata. We don't know how much has lived on of the East Noric people, who had their big metropolis near Kleinklein in the Saggauvalley. Their heirs were the Romans, who founded their city of Flavia Solva nearby.

The Archbishops of Salzburg used the marble remains to build their palace on the Seggauberg as a centre of Christianisation and Germanisation of the country. Before that the Alpine Slavs, chased by the Avars, had come to the country to coalesce with the remaining Celto Romans. Later on, they united with the Bavarian element, which was always renewing itself from the old home-country and formed the particular Styrian tradition. The people who came in the last one and a half centuries from other Austrian hereditary lands, from the Sudetes and the German Empire became, without difficulty, part of the Styrian character.

The great powers of history, which led and maybe forced their own character upon the country and her people go back to mainly three important historical periods.

The first is the 13th century in which Rudolf, Earl of Habsburg, was elected German King. The country of the Styrians was at that time ruled by foreign lords and administrators. Between 1254 and 1260 Stephan, the Ban of Croatia and Slavonia resided on the Schlossberg as a representative of Bela IV, King of Hungary. He was succeeded by a Czech lord sent by King Ottokar Premysl of Bohemia. But after 1276 the burgraves of King Rudolf I and his successors resided there. In opposition to the strangers the craving for independence of the native nobility and citizens may have vigorously developed.

The second period was the 16th century, the fateful time of religious wars. Archduke Charles III, the regent of the Inner Austrian hereditary lands, ruled in Graz. His great and lonely personality is still waiting for justification by history. He was the first to introduce the Gregorian Calendar, he founded the University and the „Akademisches Gymnasium" (1st public grammar school) in Graz. Mary Stuart was recommended as a bride, just like Elizabeth of England, who seemed to be interested in a marriage shortly before he married Maria, a Bavarian princess.

Archduke Charles had to suffer the religious wars in his own way. Every Sunday the Archduke, who was a strict Roman Catholic, moved from the castle to the cathedral with his court, but always entered the church alone, his courtiers who were adherents of the new creed, waiting for him outside. And every time he went back to the castle to go on working with the same men in harsh discipline all week, which natrually was hardest for the Archduke himself. According to the oath of his family being the owner of the „Eternal and Everlasting Sovereignty" of the Slovenian and Croatic borders, he had to drive back the Turks, the arch-enemy, who again and again tried to invade the country. But the same oath obliged him to fight for the preservation of the inherited religion, often in contradiction to people, who were near to him personally and in character. His loneliness is manifest in the picture that shows him lying flat on the ground of the castle in Graz after his death. The magnificent mausoleum which his son Ferdinand built in his honour in the old cathedral of Seckau shows how much he was appreciated by later generations. With Charles and in the fight against him the Styrian estates and citizens gained new characteristics which seem to be existing up to today.

Finally the 19th century, the age out of whose violence the immediate foundations of our present existence have grown added the most effective traits to the Styrian peculiarity. Archduke John, the Styrian Prince, is considered by legend and science its first and best representative. By refounding the University and by founding the Joanneum, the Technical University, the agricultural society and the tradesmen's union, he called into being institutions in which his progressive, and at the same time conservative mind influenced the economic and social change, the beginning industrialisation and democratisation with impressive power. That he crowned his love for this country by marrying a girl of the country made him a symbol of Styrianism from which, up to today, all powers and forces of tradition have drawn their legitimation. Peter Rosegger, the poet who grew up in the loneliness and poverty of an alpine farm, who was to become „Waldschulmeister" of his whole people; Hans Kloepfer, the doctor of the farmers and miners in the industrial district of Western Styria, a last humanist with excellent education, a cultural historian and poet of most profound connection with the people of his country; Victor Geramb, the founder of the Styrian „Volkskundemuseum" (museum of folk art) who made the peasants life visible in its own right and powerful culture. – They all have been maintainers and augmenters of the inheritance of the Styrian Prince. When we hear the sound of his name we have the feeling that we need not prove anything. In spite of a certain fundamental common attitude the peculiarity of the Styrians appears as a fan of several peculiarities which were formed by different bounds of the countryside and especially by the neighbourhood that reaches from all sides over the frontiers – that is the Styrian fate. Three contrasting examples may show how different they are.

The upper country around Murau is a strangely shaped part of the country, even today full of character, though not an untouched retreat of ancient tradition as it was three or four decades ago. The clear great Gothic of St. Mathew's in Murau, the churches in St. Peter am Kammersberg and Schöder, in Ranten and St. Georgen near Murau, in Stadl and, in spite of the later interior, the still magnificent St. Lamprecht. And also the many gay Baroque elements which did not come along the River Mur but came across the Seebach from Salzburg and have invaded Styrian customs. And around it is farmland with mighty farmhouses that remind us of fortifications, houses with wide gables with majestic wooden roofs whose little clock-towers remind of the neighbourhood of the Lungau. The carnival race of the „damischer Montag" (last Monday before lent) belongs to the oldest tradition, it is a custom which reminds us of the early neighbourhood with the Slavs and shows motifs of the shepherd's culture. It was revived in its ancient tradition after the 2nd world war and is eagerly accepted by all generations like the „Volksschauspiel„ (folk play) which is especially taken care of in this part of the country and which is played in inns and farmhouses without a stage in the time after Christmas. It is played in a severe old way: the „Geneveva-play", the Egyptian Josef, the „Paradies"- and „Schäferspiel" (shepherd's play).

How different is the countryside enclosed by the Styrian border mountains west of the River Mur. The typical form of the house shows the narrow, often steep gable with gay corncobs under the roof and a heap of golden yellow pumpkins in the yard. Hans Kloepfer was the poet and interpreter of this country from the valley of the River Kainach to the valley of the River Sulm. He recognized the people's dialect as a vehicle of great and severe poetry and in his poem of the three worlds he created a poetic but short and clear sociology of the people in that part of the country: the alpine farmers, the citizens of the little towns and market-towns and the workmen who gathered round the mines and glass-works and who were recruited from among sons of farmers of the west, middle and, in earlier times, southern Styria. Little is left of the great ancient customs, though more than the books tell. But the musicality of the inhabitants has been famous since the old days. The playgroups and choirs of Western Styria have gained reputation and prove the continuance of the musical talent. In the last decade a striking number of talents of plastic art, sculpture and painting is a formidable counterpart to West-Styrian musicality. The votive pictures of the pilgrimage church of Maria Lankowitz offer a look into the soul of the people.

But it would be unjust not to mention that the „Schilcher", a light red wine, belongs to this part of the country. A song tells us that it has been grown in the whole Schilcher-valley between Ligist and Eibiswald since the old days and that it tastes best on a bench in front of a „Kellerstöckl" (a little winecellar) which is situated on the Kraxnerkogel near Deutschlandsberg or on the Dietersberg near Ligist which offer a view into the far blue distance.

And perfectly different again is the country around Aussee. The Styrian part of the former Kammergut is a unit in itself. The houses are neither obtrusive nor magnificent from the outside, but of a cleanliness inside which is rarely found. Every day the floor is as shining as the tabletop made of mapletree. The people are known for their slenderness and beauty.

Even nowadays the people are fond of singing and wearing their national costumes. The miners, who have been bearers of tradition since the Hallstatt Age more than 3000 years ago, have mixed their severity and gayness with the picture of the people's character. The carneval of Aussee, in contrast to the carnival race of the land around Murau, is a national festival to which foreign countries and many centuries have contributed.

Who passes through the country hastily doesn't notice much of this variety; who leaves the country as a benevolent friend may remember people who neither are unfriendly nor obtrusive in their hospitality, but who live their lives in a way which seems proper and which has been inherited from earlier generations. After long studies Victor von Geramb put down his opinion of the Styrians as follows: „The Styrians – even if they may seem Bavarian to the people of Northern Germany in language and habits – are on the whole more severe than the other Bavarian people, and maybe a little slower and more melancholic. There is something harsher and darker in their characters, different from the gayer, more alert and wittier Carinthian, and the merrier and brighter people on the Danube or the people of Salzburg or the Tyrol, who seem stronger and surer of themselves. Certainly the Styrian, especially when young, is also pugnacious and ready to enjoy the pleasures of life without thinking. He has had plenty of opportunity to study not only the frailty of human life but also to get to know the „carpe diem"! thoroughly. But the pleasures of life have not become his permanent vital interest. After a short effervescence in his youth he is soon kept within narrow bounds. The girl has not by far the importance in Styrian songs which she has in the Carinthian one, and the Styrian art and national costume is in pattern and colour on the whole remarkably more severe, darker and less colourful and gay than the one of the people on the Danube, in Salzburg, the Tyrol and Bavaria. With Hans Kloepfer I see the Styrian character most movingly in the old wrinkled and earnest face of many a farmer, in faces which rarely show a smile but if they do, it is most enchanting.

Beside all these historic varieties and trifles there stand out a few great signs which belong singly and noninterchangeably to this country alone. The „Erzberg" (iron-ore-mountain), the „Landplagenbild" (the picture of the plagues) and the „Zeughaus der Stände" (the arsenal of the trades).

A real and great sign of the Styrians is the Erzberg in the upper country. With its dark steps inmidst of a grand mountain landscape there is nothing like it in the world. Since the old days people have called it „Eiserner Brotlaib" (iron loaf) of the country. Here started the „iron roads" on which wealth and culture of the „Hammerherrenzeit" (iron barons' time) dwelt, form which the great industrial districts of the country developed. The „iron roads" crossed the „salt roads" from the land of Aussee. On their return people brought various goods from the south and east into the country. The country-inns in market-towns or at road-crossings with wide gates and big stables are proof of that time. Nowadays they live in the shadow of old splendour and may only be used as busstops. A third line of Styrian roads and at the same time the merriest were the „wine-roads" which came from lower Styria. Their most beautiful part lies in the Windische Büheln and south of the River Drave. But what is left to us, the wine country between Ehrenhausen and Leutschach, where nowadays hop is grown again, and north of it the Sausal, is the counterpart to the Erzberg, again noninterchangeable in its mood and appearance. It is not at all like that on the River Rhine and Mosel nor in the Wachau or in Burgenland. The mountain ranges with their poplars and whitewashed winecellars and chaples before the background of the Koralm often snowcovered when below in the valley the autumn celebrates a truly Dionysian festival – that is the Styrian wine-country.

Die Wallfahrtskirche Frauenberg erhebt sich westlich von Admont, auf dem Gipfel des Kulm. Kirche und Pfarrhof sind zu einem langgestreckten Baukörper zusammengeschlossen, wodurch eine prachtvolle Fernwirkung erzielt wird.

Frauenberg. Church of pilgrimage. East of Admont on the summit of the Kulm, the steeples of the church of Frauenberg are raising in the sun. Church and parsonage are united to one building which offers a magnificient view.

L'Eglise de pèlerinage Frauenberg. Au bout du sommet du Kulm s'élèvent les clochers du pèlerinage Frauenberg. L'eglise et les bâtiments du presbytère sont reliés, se qui réalise un aspect merveilleux.

Admont. In der breiten Ebene des mittleren Ennstales, umgeben von den Mauern der Kalksteingebirge, liegt der Straßenmarkt Admont mit vielen bemerkenswerten Bauten. Mit seiner Benediktiner-Abtei ist er der kirchliche und schulische Mittelpunkt des Ennstales.

Admont. The market-town of Admont with its remarkable buildings is situated in a large plain of the middle Enns Valley surrounded by rocky limestone walls. With its Benedictine Abbey it is the ecclesiastical and school center of the Enns Valley.

Admont dans la vallée de l'Enns. Sur une large plaine au milieu de la vallée de l'Enns, entourée des murailles calcaires des Ennstaler Alpen est située la ville d'Admont, le centre religieux et scolaire de la Styrie du Nord. Le couvent des Bénédictins fut fondé déjà en 1074.

SIBYLLA
TROJANA

Bibliothek des Stiftes Admont. Eine der Figuren der „Vier letzten Dinge" (Tod, Gericht, Hölle und Himmel) von Josef Thaddäus Stammel, die den Mittelraum der Admonter Stiftsbibliothek schmükken, eine Meisterschöpfung aus der Mitte des 18. Jhdt.

The Library in the Benedictine Monastery of Admont. Admont was founded in 1074 by Benedictines from Salzburg. The present building was erected after the fire of 1865. The baroque library, however, remained undamaged. This is one of the sculptures of the "Four last things", which decore the great hall of the library created by Josef Th. Stammel.

La bibliothèque du couvent d'Admont. Cette sculpture représente une des « quatre fins dernières »: la Mort, le Jugement dernier, l'Enfer et le Ciel. Elle fut créé par Josef Thaddäus Stammel et décore la salle centrale de cette bibliothèque fameuse, elle est un chef-d'oeuvre du 18e siècle.

The Zeughaus (arsenal), which once held armours for 25.000 men is a noninterchangeable symbol, without a counterpart in Europe. Today you find among the 30.000 pieces of arms 3000 harnesses for men and horses. For the Styrians it is no museum, but the immortal symbol of the readiness to defend the homecountry. Throughout centuries Styria has had to fence off the invasions of the Magyars, Kuruzzes and Turks. People who are again and again faced with conflagration build their houses more quickly and less splendidly than the spared hinterland.

And so the „Landplagenbild" (picture of the plagues) of 1485 in the cathedral of Graz is the most severe sign and symbol of the country. In fading colours it tells of the danger from the Turks, the affliction of the locusts and the plague, and it explains the severity and devotion in the face of the Styrian history. The suffering and endurance of the Styrian people under the pale rainbow of consolation of her saints and princes shines in scanty colours from the „Landplagenbild" on the southwall of the cathedral out of the decay of centuries as if framed in aburning mirror. What the picture tells of that miserable second half of the 15th century has always been the Styrian fate, before it and after it, tough devensive or offensive fighting, clearing of the remains of conflagration, rebuilding, saving and paying tribute in hard weeks and gay festivities. There has always been and indefatigable clearing of woods and ploughing, already on the Roman ruins, a hasty harvesting before the enemy's attack, a quick gathering of treasures and war-taxes under the faithful Schlossberg.

But the sign of the country, maybe the most significant sign for the country, for the character and spirit of her inhabitants lies in her name. Steiermark (Styria) has become what she is as a „Mark". Her fate which formed her people was decided by the frontier. It was the old border against Zagoria, Croatia and Krain and it has been the new border since 1919 which once divided the country in two different linguistic areas and which today is the border of Styria, of the Republic of Austria and of the German language.

Borders are sacred to every people. They not only oblige us to reflect on the value and destination of one's self. The border is also the master who, across the narrowness of one's own world, teaches the knowledge and respect of others, and submission to the bigger world, to the human sphere in which there can be no separating bounds. The Styrians, on the whole, are a frontier people. They have at all times borne and tasted the duty and burden as well as the pleasure of the frontier. The Styrians are a frontier people not only territorially but also spiritually. In all spiritual and political movements by which they were seized, they were the first that were involved and those that went farthest.

Today Styria is a bordercountry more than ever. At the foot of the Mariensäule (Lady's column) at the Eisernes Tor (in Graz) which has been errected in memory of Montecuccoli's victory over the Turks at Mogersdorf on the River Raab on the 1st August 1664, the following words are written in golden letters: „Styria quod jurasti grata si vis servari serva." Styria if you want to survive then keep what you swore in greatfulness.

Styria if you want to go on existing, preserve yourself, your character, your unity, your peculiarity. They are precious gifts at a time of vanishing individualism and the unpersonal civilisation that engulfs the whole world.

Hanns Koren

Unité et particularité du pays

Quand nous parlons de l'unité de la Styrie, nous attribuons cette qualité au territoire fermé, au genou inscrit dans la carte géographique. Mais nous en comprenons aussi une relation, donc une continuité ainsi qu'on puisse comprendre le pays non seulement du point de vue géographique, mais aussi du point de vue historique, à poursuivre de la présence jusqu'aux points de départ qui se perdent dans le lointain. C'est justement dans cette unité et dans cet ensemble attestés par l'histoire que nous voyons la formation et la conservation d'une spiritualité qui caractérise le pays, une continuité dont on perd parfois le fil, et qui de sa part conserve encore l'unité et qui a su donner l'empreinte aux tribus immigrants successivement dans cette région.

Ce n'est pas une coincidence que justement dans cette région qui deviendra plus tard et jusqu'aux nos jours le coeur de la Styrie, présente une densité de la population déjà aux temps préhistoriques. Des cavernes de chaux dans la vallée de la Mur entre Bruck et Graz etaient habitées déjà à l'époque de la pierre et encore plus tard. N'étaient-ce pas encore des démeures au sens d'aujourd hui pour les chasseurs des premiers temps de l'humanité, c'étaient bien des cavernes leur procurantes des abris fixes qui correspondaient à leur genre de vie et qui leur rendaient possible de vivre leur vie. Et précisément ce territoire, le pays des hommes des cavernes, si nous osons employer ce terme libre et peu exact, appartient tout à fait à ce pays s'étendrant vers le sud et vers l'est, qui devint un lieu de civilisation déjà longtemps avant l'empire romain et qui trouva sa premiére organisation légale et sa démarcation précise par la fondation de la ville romaine Flavia Solva sous le césar Vespasian (69 à 79).

Après la chute de l'empire romain et l'annexion par les Slaves des Alpes ce pays au bord de la Mur sans frontières connues et déterminables appartenait à la sphère de l'ancien Noricum dès lors nommé Carantanie gouverné par un duc slave. Bien qu'ils ne soient pas toujours visibles et saisibles dans leurs conséquences, certains faits historiques de la seconde moitié de premier millénaire ont eu d'importantes conséquences directes pour le développement de l'unité du pays. Il était d'importance déterminante pour toute la Carantanie et aussi pour son part d'est, que Borut, le duc des Carantaniens slaves demanda le secours au duc bavarien, Odilo, lorsque les Avares tentaient de nouveau à subjuguer les Slaves des Alpes au huitième siècle. Ainsi Borut et son pays, la Styrie, tomba sous l'autorité d'Odilo et, par sa dépendance du royaume des Francs, dans la compétence de cette grande sphère occidentale de nations et civilisations qui fait preuve encore aujourd'hui de son devoir et de sa position historique comme le monde libre de l'ouest. En ce temps-là, la position de pays limitrophe se confirma définitivement. L'adjudication de notre pays sous la diocèse de Salzbourg crée par Charlemagne et le pape Léo III nous semble pas moins d'importance pour sa constitution spirituelle.

Ce n'est non plus une coincidence, si Otto le Grand, en réorganisant les marches après la bataille au Lechfeld en 955, créa le Marche Carantane pour la défense du duché carantan. Elle s'étendait de Mixnitz à Ehrenhausen coincidante avec le territoire déjà mentionné. Le premier margrave fut Markward d'Eppenstein et c'est par ses relations familiales qu'il sût relier les comtés de la Styrie du nord à sa Marche. C'est à ce moment que nait la Styrie bien qu'elle eut son nom plus tard, depuis le règne d'Otakar de Traungau qui se nommait – après son châteaufort principal – déjà en 1050 „margrave de Steyer". Son petit-fils Otakar III portait déjà le panthère dans son écu, le panthère qu'on prétend être symbole du caractère national des styriens. Le margrave Otakar IV, le dernier de sa dynastie, obtint en 1180 de son oncle Frédéric „Barbe-rouge" l'élévation de la Styrie en duché. Otakar fit encore autre chose: Déjà lépreux dans sa jeunesse et sans espoir d'avoir un héritier, ce fut dans ses deux actes de Georgenberg en 1186 que la Styrie fut inserré à l'Autriche. Un fait historique qui créa la parole toujours valable: Sans Styrie pas d'Autriche.

La campagne et l'histoire ont marqué le pays. Et s'il y a une base spirituelle commune à tout styrien qu'on peut ramener à une racine commune malgré toutes les contradictions, elle a sa source dans les faits et les évenements historiques. La note caractéristique du styrien developpa de ce passé.

Nous savons à peine ce qui est resté des Noriques qui avaient leur métropole dans la vallée de la Saggau, dont les tumuli sont couverts de prés. Les Romains devinrent leurs héritiers qui fondèrent aux environs leur ville Flavia Solva. Ses ruines servaient de pierres à bâtir le châteaufort des archevèques de Salzbourg sur le mont de Saggau qui devint le cœur de la christianisation et de la germanisation. De tous ces différents peuples ressortit le caractère authentique de la Styrie. Trois époques ont marqué le pays et son peuple.

La première époque est le treizième siècle dont l'événement principal fut l'élection du comte d'Habsbourg, Rudolphe, comme Roi de l'Empire. En ce temps-là, le pays des styriens était gouverné par des seigneurs étrangers. Sur le Schlossberg résida comme gouverneur du roi d'Hongrie Bela IV, de 1254 à 1260 le ban de la Croatie, Stéphane. Un burgrave tchèque le succéda. Mais après 1276 les burgraves du roi Rudolphe I et leurs descendants y résidèrent. C'est peut-être par la résistance contre les étrangers que pouvaient se développer les éléments de la particularité des gens de ce pays.

L'autre époque fut le seizième siècle, le temps des luttes acharnées de religion entre les catholiques et les protestants. Le souverain des pays autrichiens, Charles II, résida à Graz. Sa grande personalité isolée vous saisit par sa solitude et attend encore la réhabilitation par la critique historique. Il fut le premier à introduire le calendrier Grégorien, il a fondé l'université et le lycée de Graz. Maria Stuart lui était recommandée comme fiancée, et Elisabeth d'Angleterre s'interessa pour le vive au prince avant son mariage avec la princesse Marie de Bavière. Quelles conséquences pour l'histoire universelle, si le mot „si" n'était pas absurde dans telle réflexion.

L'archiduc Charles dût battre la plus grande bataille des combats pour la foi de son siècle en soi même. Rien ne caractérise davantage sa situation que cette note historique: Ce pieux souverain lié par sa conscience au culte catholique se rendait à l'église chaque dimanche avec toute sa cours, mais il entra tout seul, ses courtisans, adhérants de l'enseignement nouveau l'attendaient devant la porte. Et chaque fois il rentra avec eux pour travaillant dur avec eux toute la semaine. Propriétaire du généralat éternel des frontières de la Croatie, il était de son devoir de repousser les Turcs, ennemis mortels de l'Occident, selon son serment. Mais le même serment l'obligea à lutter pour la conservation de la religion héritée, souvent en conflit avec des hommes auxquels il était attaché personnellement. Le plus magnifique mausolée de Renaissance dans les pays alpestres que lui fit bâtir son fils Ferdinand à Seckau, montre, comme la postérité l'estimait. Avec Charles et en lutte contre lui, les états styriens ont gagné des traits caractéristiques qui semblent revivre de nos jours.

Finalement l'époque du 19e siècle dont les ébranlements mirent au four les bases essentielles de notre existence, donna les impulsions les plus efficaces au cachet styrien. C'est le fameux archiduc Jean d'Autriche reconnu comme représentant du caractère styrien qui n'est pas seulement mentionné maintesfois dans la légende populaire, mais il joue aussi un rôle important dans l'histoire. Par la fondation du Joanneum et de l'école polytechnique, par la réfondation de l'universitè, par l'établissement d'un conseil d'agriculture et d'une union commerciale il fraye le chemin à tout progrès. Son mariage avec une fille du pays fit de lui le symbole de la Styrie. Peter Rosegger, le poète, sortit de la misère d'une ferme perdue dans les montagnes et devint le „maitre d'école" de tout son peuple. Hans Kloepfer, le médecin des paysans et des mineurs dans la région d'industrie de la Styrie de l'ouest, un dernier humaniste et poète profond; Viktor Geramb, le fondateur du musée ethnologique; sur la voie du „prince styrien", ils administrèrent et augmentèrent son héritage.

Les évenements que nous venons de mentionner ont formé le caractère très prononcé du styrien, tout en gardant de particularité. Trois exemples vont montrer son individualisme.

Quelle richesse de traditions et de folclore n'offre pas le haut pays autour de Murau! La gothique grande et claire de l'église de Saint Mathieu à Murau, les églises à Saint Pierre au Kammersberg et à Schoeder, à Ranten et à Saint Georges près de Murau, à Stadl et, malgré la décoration intérieure d'une époque postérieure, à Saint Lambert. Et par-dessus beaucoup d'éléments baroque gais, qui viennent de Salzbourg et qui se sont entrelacés dans les usages des paysans, surtout avec leurs bergers et bergères et leurs corps de tireurs. Et autour de tout cela la campagne avec ses grandes fermes rappelant des château forts et avec ses maisons à pignons et ses toits de planches et ses clochetons. Parmi les traditions les plus anciennes compte une cavalcade du boeuf gras en lundi gras, un usage qui porte des traits du Slavisme et de la culture des bergers. Il fut ranimé dans tout son caractére archaique après la deuxième guerre mondiale et est sûr de l'intérêt de tout le monde ainsi que le spectacle populaire qui a lieu dans ce part du pays au temps de Noel encore toujours dans la manière de jadis: le drame de Sainte Genéviève et de Joseph d'Egypte, le jeu du paradis et des bergers.

Le pays à l'ouest de la Mur contraste fort à cette sphére bien limitée. Les maisons sont caractéristiques par leurs toits à pignons escarpés, soit des fermes des montagnes soit des celliers dans les vallées de la Sulm et de la Kainach. La saison du travail finit par une présentation presque solennelle: Les fruits du maïs pendent sous les toits, les courges d'un jaune doré s'entassent devant les maisons. Ce pays de la Kainach et de la Sulm a trouvé son poète et interprète en Hans Kloepfer qui a reconnu l'idiome du peuple comme art poétique. Dans son poème des „Trois Mondes" il a crée une sociologie du peuple bien concue tout en gardant le charme poétique: les montagnards, les bourgeois des petites villes et des bourgs et les ouvriers qui travaillent dans les mines et dans les verreries et qui se recrutent des fils des paysans. Les anciennes uses et coutumes ont à peu près disparues. Le sens de la musique des habitants a gardé sa célébrité de jadis. Dans les dernières années se developpe un don très prononcé pour peinture et sculpture. Maria Lankowitz nous montre en nombreux ex-votos la pitié profonde du peuple. L'église bâtie sur la pente d'une colline émane une sereine sécurité. Mais on ne se contente pas seulement de la pitié, il ne faut pas oublier que cette région est riche en vignobles et on déguste avec plaisir sur un petit banc le „Schilcher“, vin fameux.

Et toute différente est la région d'Aussee. Les maisons paraissent simples à l'extérieur, mais â l'intérieur tout est soigné et propre. Le plancher est aussi blanc que la table. Les gens, des types celtiques, sont connus par leurs tailles sveltes et leur beauté. Eux aussi sont très musiciens. Les mineurs ont influencé le caractère de ce peuple depuis près de trois mille ans. Le carnaval d'Aussee est tout autre que celui de Murau.

Celui qui ne fait que de passer à travers le pays ne s'aperçoit pas de sa variété; celui qui quitte le pays comme ami bienveillant se rappellera une sorte d'himmes aimable mais réservée qui vit sa vie telle qu'il la conçoit, honnête et conscient de sa responsabilité à la manière de ses ancêtres à laquelle il veut rester fidèle.

Après de longues études, Viktor Geramb a résumé ainsi son opinion des styriens: „Les styriens sont en somme plus sérieux que les autres tribus bavarois, plus sérieux et peut être aussi un peu plus lourds. Cela n'exclue pas que, dans sa jeunesse, il jouit pleinement de sa vie, sait bien la savourer er il sait aussi à se montrer bon querelleur. Néanmoins il sait garder sa liberté envers les jouissances de la vie. Après une courte période d'effervescence il se retire dans ses limites. La fille ne joue pas un aussi grand rôle dans les chansons styriens que dans ceux de la Carinthie et tout son folclore est plus sombre, plus sérieux et plus économique que celui des autres provinces. Avec Hans Kloepfer l'âme styrienne me saisit le plus sur un vieux visage ridé sur lequel passe parfois un sourire serain.“

De la variété des évenements historiques, de la diversité de la campagne et de la complexité des types styriens surgissent trois signes: la „Montagne de Fer“, le „Tableau des fléaux“ et l'Arsenal des états. La „Montagne de Fer“ avec son exploitation à ciel ouvert au milieu de montagnes majestueuses est un phénomène bien rare. Depuis toujours la population l'a nommé „la miche de fer“ du pays. De lui partaient les „routes de fer“ au bord desquelles s'installèrent les propriétaires des forges. Ils apportèrent la richesse et la culture et posèrent la première pierre de l'industrie styrienne. Ces routes de fer se croisèrent avec les „routes du sel“ qui, eux aussi, apportèrent dans le pays les marchandises du sud et de l'ouest. Les auberges le long de ces routes sont des souvenirs vivants de ce temps-là bien qu'elles ne rapellent plus la splendeur d'autrefois. Des vignobles de la Styrie du sud partaient les „routes de vin“ qui apportaient au pays la gaieté. Cette région-là comme opposé à la „montagne de fer“ est incomparable. Quand en automne les sommets des montagnes sont déjà couvertes de neige, plus bas les collines immergées en couleurs et lumières semblent évoquer Dionyse — c'est la vraie fête du vin.

Le second signe de la Styrie, l'arsenal, est le plus vieux, le plus ancien et le plus riche de l'Europe. Il contient trent mille armures qui témoignent de la résistance et la disponibilité de défendre la patrie. La Styrie, par sa situation géographique, a été obligé d'arrêter les assauts des magyares et des Turcs. Un peuple qui se trouve souvent devant des ruines bâtit plus vite et moins solide, se porte plus sobrement et se prête moins à l'art.

Ainsi est aussi le troisième signe, le tableau des fléaux de 1485 le plus grave du pays. Il montre dans ses couleurs pâlies les ravages des Turcs, les plagues des sauterelles et les terreurs de la peste. Ce tableau fait comprendre le sérieux et l'abandon à Dieu dans l'histoire du peuple styrien. Toute la souffrance et toute l'indurance de ce pays s'y concentrent comme dans un miroir ardent. C'était depuis toujours le destin du peuple styrien: des défenses tenaces, des luttes courageuses, des déblayages de ruines et des réconstructions, des défrichements assidus et des labourages, déjà sur les décombres romains, des récoltes hatives avant l'invasion. Un tableau qui dévoile la joie et la souffrance, la patience dans la vie et la résignation à la mort.

La Styrie est devenue ce qu'elle est par sa frontière. La frontière détermina sa destination et marqua ses habitants. A chaque peuple sa frontière est sacrée. Elle oblige à rêfléchir sur ses propres valeurs. La frontière vous invite à dépasser l'étroitesse de votre propre monde et à respecter les autres. Les styriens sont des habitants de frontière. Ils ont aimé, éprouvé et supporté des conséquences. Aussi au sens spirituel les styriens sont des habitants de frontière, ils se sont engagés jusqu'au bout dans tous les mouvements soit religieux ou politiques.

Aujourd'hui la Styrie est plus que jamais pays de Marche. Au piédestal de la statue de la Sainte Vierge à Graz qui fut érigée en souvenit de la victoire de Montecuccoli sur les Turcs en 1664 les paroles suivantes sont écrites en lettres d'or: Styria quod jurasti grata si vis servari serva. Styrie, si tu veux survivre, tient à ce que tu as juré avec gratitude.

Nous pouvons traduire librement: Reste fidèle à toi même, ta particularité est un don précieux dans notre temps de civilisation impersonnelle. Garde ta manière personnelle comme valeur obligatoire. Lance tout le poids du don divin dans la balance du jugement. Le tableau des plagues te consoléra, l'armée des fantômes qui dort dans l'arsenal sera ton avertiseur, la montagne de fer sera la promesse de ta force intérieure et les grandes aiguilles de l'horloge du Schlossberg vont te mésurer les heures dont tu ne dois pas laisser échapper aucune, si tu veux remplir ta responsabilité pour la patrie plus grande et pour un monde libre.   Hanns Koren

Der Dachstein

Als ob in Trümmer gespalten
ein göttlicher Wohnsitz wär,
fielen Berggestalten
wahllos umher.

Jede mit einsamen hagern
Flanken für sich allein;
wie sich Raubtiere lagern
im Sonnenschein.

Wächter für einen König
schläfernd im Licht.
Doch wie er selber wenig
zu Dienern spricht,

zu seiner Ferne wendet
er sich ab vom Tal.
Der weiße Mantel blendet
manches Mal.

Und manchmal tief mit Schleiern
hüllt er sich ein.
Sich selbst geheim zu feiern,
bleibt er allein.

Und etwas drin beim Schimmer
begibt sich dort –
als sänk es noch mehr in Trümmer,
träumt alles fort.

Max Mell

Briefe aus dem Ausseer Land

Leopold von Andrian an Hugo von Hofmannsthal

Alt-Aussee, am 15ten August 1895

Mein lieber Hugo, ich danke Dir für Deinen Brief. Ich verstehe Deinen Sommer und Deine Stimmung (der Sommer ist eigentlich immer das Erhabenste wie die Rosen im Centrum der Blumen stehen), ich verstehe diese Deine Sommerstimmung sehr gut.

Mein Sommer (der Sommer im Gebirge) ist ein ganz anderer. Es sind die Wiesen von einem so satten und reichen Grün, daß sie einem fast weh tun, die sich in die Fichtenwälder einwühlen unter den Bergabhängen, es sind die Sommernächte, wenn es gegen Morgen wird, nicht die wunderbaren der Stadt, die heißen, sondern die kühlen Sommernächte mit den Gebirgen als stylisierte Architectur und einem hohen lichtblauen Himmel voll Sterne, nur der Gletscher des Dachstein crêmefarbig ...

Poldi

Hugo von Hofmannsthal an seinen Vater

Dienstag, 22. September 1908

Jetzt ist wirklich die gewisse fast sagenhafte Reihe von herbstlich schönen Tagen, einer schöner wie der andere, fast unerwartet eingetroffen. Der Himmel ist blau und trägt hie und da eine kleine Wolke, die Berge scheinen aus einer ganz neuen Substanz gebildet, von Osten her geht immerfort ein kühler Luftstrom, die Obstbäume werden immer bunter und auch die Laubbäume im Wald sind schon hellgelb oder feuerfarb angefärbt ...

Dein Hugo

Hugo von Hofmannsthal an Helene von Nostiz

Aussee, Obertressen 14, 19. VII (1912)

Liebe gnädige Frau,
... 25ten. Nun bin ich wieder unterbrochen worden, so gehts wenn man einen langen Tratschbrief schreiben will. Die Vormittage arbeite ich immer und so wirds hoffentlich bleiben bis Ende September, es ist mein ganzer Wunsch, diesen Aufenthalt, dieses In-mir-geschlossen-sein nicht zerrissen zu sehen – früh nachmittags ist man müd, grad zum Lesen noch genug, dann zieht einen die Landschaft ja doch aus dem Haus heraus – ich lieb diese Landschaft so sehr, je älter ich werde, desto reicher wird sie mir, bin ich einmal ganz alt, so steigen mir wohl aus den Bächen, den Seen und den Wäldern die Kinderjahre wieder hervor ...

Ihr Hugo

Der Bergsteigerfriedhof von Johnsbach. In einem schmalen Tal, umgeben von schroffen Bergwänden, liegt dieser stimmungsvolle Friedhof mit Grabkreuzen des 18. Jhdt.

Johnsbach. An impressive cemetary of the mountain climbers with beautiful wrought-iron crosses of the 18th century is situated in a small valley surrounded by towering walls of rock.

Le cimetière des alpinistes à Johnsbach. Dans une étroite vallée, entouré des pentes abrutes des montagnes est situé ce cimetière impressionnant avec des tombes du 18e siècle.

Der große Pyhrgas vom Ennstal aus. Östlich vom Pyhrnpaß in den Ennstaler Alpen an der oberösterreichisch-steirischen Grenze liegt der 2245 m hohe Gipfel der Haller Mauern, dem weite Matten und Almen vorgelagert sind.

The great Pyhrgas seen from the Enns Valley. Above large flowering meadows, pastures, and deep green woods rises the Great Pyhrgas as the greatest mountain of the Haller Mauern to a heighth of 2245 m.

Le Grand Pyhrgas vu de la vallée de l'Enns. Les cimes des montagnes au nord de la Styrie sont entourées de vastes alpes et pacages. L'alpage commence à la fin mai, en automne, les troupeaux de boeufs et de vaches retournent dans la vallée.

können. Mein erstes Gedicht, das die Mutter selig aufschrieb, weil ich noch nicht in die Schule ging, unbeholfen und unbewußt, reimte sich aus dieser steten Sehnsucht, mit der Erde den Himmel zu berühren.

Um die hohe Bergeinsamkeit ist noch der Wald als fester Kranz geschlungen. Dünne, blaue Rauchsäulen, blitzende Fensterscheiben und wetterblanke Dächer geben das vertraute Gefühl, daß Menschen im Umkreis sind. Doch alle Bewegung der Tiefe ist punktklein entrückt; alles Unvollendete, Harte, Armselige, das einzeln und nahe betrachtet, nicht wohltut, ist harmonisch in ein Bild geordnet. Es bleiben nur noch die großen Erscheinungen, die sich im ewigen Wandel immer wieder erneuern und die unabhängig sind von der Leidenschaft und Berechnung der Welt. Es bleiben nur die Elemente, die von alters her Feuer, Wasser, Wind und Erde heißen, die vier ersten Dinge, aus denen Gott das Leben formte.

Die Tauern sind der östliche Wurf der Uralpen, an den Grenzscheiden von Tirol, Salzburg und Kärnten noch von wuchtigem Ausmaß. Der Firnschnee legt große Felder um ihre Gipfel, die kahlgebrannt von der Sonne und geschliffen von den Stürmen sind. Die Glutflüsse der Schöpfung sind in ihnen zu Gold gestockt. Und die Flamme, die im letzten Grunde heimlich fortlodert, drängt das Wasser an manchem Ort heiß empor. Aus der hohen, beengten Einöd tauchen seltsame Namen, verwunschene Gestalten, legendenhaft und zauberisch.

Milder und zugänglicher ist die steirische Landschaft. Die Menschen sind weniger herb und hager. Ihr Gebar ist beweglich und ihre Gesichter haben oftmals den Einschlag nachbarlicher Stämme. Die freundlichen Pässe, die unterhalb der Baumgrenze von Tal zu Tal führen, die geschmeidigen Saumpfade, welche die Lieblichkeit des Gebirges diesseits und drüben erschließen, sind gleichsam die Richtlinien für Wanderung und Austausch.

Wo die Tauern südöstlich verflachen, waren einst die stattlichen Radwerke und Hämmer..., sind noch die fruchtbaren Landwirtschaften auf dem breiten Boden der Mur. Altersdunkel und zuweilen auch zerstört, begegnet uns dort die Überlieferung eines wohlhabenden Bauern- und Bürgerstandes. Seidene Trachten, Goldputz, kostbare Schmiedearbeiten aus Eisen und Edelmetall, eingelegter Hausrat, gotische Gebälke und Truhen, Totenschilde, Kirchengemälde, Paramente, Schnitzwerke, ja selbst die Mauerstümpfe der Burgen geben Zeugnis, daß es dem kleinen und dem großen Mann dort nicht schlecht erging.

Das Ennstal ist ärmer. Chroniken und Sagenbücher berichten immer wieder von Überschwemmung und Erdsturz. Die Talebene, nunmehr gerodet und entwässert, war einmal feuchtes Sumpfland, in manchen Gegenden Auwald, in anderen Mooswiese. Zur Schneeschmelze des Hochgebirges, etwa im Juni, wiederholt sich noch zuweilen das Bild der Vergangenheit: große, blinkende Wasserlachen; aus den knolligen Inselchen der Moorheide heben sich Birken oder Föhren, einsam für die Stürme und den Blitz. Denn der Fluß, der sich beim Einbruch ins Kalkgebirge, dem berühmten Gesäuse, staut, hinterläßt viele geduldige Krümmungen. Seit das Gefäll in etlichen Durchstichen geregelt ist, wird das Schilf spärlich. In den Bereich der Wildenten und Schnepfen rücken die Singvögel vor, und mit den Traidfeldern, die immer mehr Raum gewinnen, wandert die Brut der Wachtel.

Nach dem Flutgang, den seinerzeit die Zunft der kecken, todesmutigen Flößer belebt hat, strömt die Enns wieder ruhig und grün zwischen der Erlenböschung des sanften Gestades. Ein lieblicher Lustgarten ersteht den Bienen bis zur ersten Mahd. Während der Schnee in opalfarbenen Krusten verdampft und aus der Krume erdbittere Düfte rauchen und die Luft in unruhigen Wellen schwingt, sträuben sich die rötlichen Schöpfe auf dem Weidestrauch. Und über Tag und Nacht entfaltet die zunehmende Kraft der Gestirne die Knospen. Sie verkünden als lebendige Palmbuschen die nahe Zeit der Auferstehung. Durchsichtig öffnet der Krokus seinen Kelch und verschmachtet. Indes verblühen die unirdisch schönen Sterne des Enzians. Verhutzelt, ins haarige Mäntelchen geduckt, zwingt sich neben den lockeren Maulwurfshügeln die Schlüsselblume hervor. Im launischen Spiel von Sonne und Schneeschauern wandelt sich der gebleichte Rasen in Gras und Kraut. Aber im Mai, wenn man schon an den Frühling glauben möchte, wird es oft noch winterlich rauh. Spät meldet der Kuckuck den Zug der Lüfte und der Vögel vom Süden her. Der wolkige Niederschlag zerflattert an den Bergwänden, und aus dem Dämmern eines linden Morgens leuchtet weiß die Kirschblüte. Zu dieser Zeit beginnt die Feldarbeit und der Viehtrieb auf die Almen. Die Hausfrauen öffnen die Fenster vor ihren Zierblumen und sind in den umfriedeten Gärten der Mutter Erde behilflich, die sich immer schöner für Pfingsten schmückt. Das Futter sproßt kniehoch. Die Flocken des Wollgrases und der Löwenzahn mit seinen großen Flaumkugeln schaukelt über die grünen Flächen. Darin vermischt schimmert rosig der Knöterich und die Nelke feuerrot in allerlei Art. Blau das Sumpfvergißmeinnicht, dunkelgelb die Dotterblume und die Trollblume und der Bocksbart.

Zwischen dem freudigen Glanz dieser Sonnen und Sterne, die in der Wiese aufgegangen sind, schatten schwermütig die Blutstropfen des Beinwell. Im Moor schillern ganze Felder von Narziß und Schwertel. Noch strahlender weiß und lilafarben sprossen Glocke und Jungfrauenblume aus den Rissen der trockenen Raingründe.

Talab und talauf, für kleine Frist in die mailiche Pracht der Apfel- und Birnblüte gehüllt, liegen die bäuerlichen Ortschaften. Sie haben wie die Scholle keine reiche Kultur hinter sich. Nur die kleine Bergstadt Schladming und flußabwärts das Stift Admont haben eine Geschichte, die sich durch die verschwommene Ferne eines Jahrtausends erhalten hat. Pürgg, wie ein Kripplein an den hohen Fels gebettet, war landesfürstlicher Besitz und Talsperre in vorhabsburgischer Zeit. Zuhöchst die Johanneskapelle hat romanische Fresken aus dem 12. Jahrhundert. Aus dem frühesten Mittelalter ersteht der Markt Gröbming mit seiner schönen Spitzbogenkirche und einem Flügelaltar, um den die Glaubenskriege getobt haben. Liezen, vielleicht eine Fuhrmannssiedlung vor dem Pyhrn, wo die Eisenstraße und die Salzstraße sich gabeln. Einige Edelsitze aus der Renaissancezeit und die vielen benediktinischen Pfarreien erinnern an die jahrhundertelange Schutzherrschaft, unter welcher sich in Dörfern ein ländlich bescheidenes Bürgertum entwickelt hat. Vollkommen vereinzelt hielten darin die reichen Postmeister- und Brauherrnsippen ein patrizisches Gebar und kleinstädtische Mode aufrecht. Meist sind in den alten Häusern nur Schränke und Truhen aus weichem Holz übrig, ungeschlachte Betten mit Rosen und Tulpen bemalt. Die Gewänder, die der Ahn, der Vater und der Enkel getragen hat, sind grob. Und die festlichen Frauenkittel, obzwar von Taft, haben eine schlichte und bäuerliche Machart. Die Fräcke und Filzhüte der Biedermeierzeit bürgerten die Hammerherren aus dem Murboden ein, und die wertvollen Goldhauben und kunstfertig gewebten Umhänge kamen zumeist durch Einheirat aus dem oberösterreichischen Wohlstand herüber. Solch eine Brautfuhre rumpelte immerhin vierspännig vom gesegneten Fruchtboden her. Und bevor sie die starre, steile Mauer unserer Landschaft passierte, hatte sie ein beträchtliches Stück Weg durch das Salzkammergut, ein Hochland, in dem die Dachsteinklötze und das Tote Gebirge zu sanften Mulden abfallen und kalkiges Alm- und Eiswasser sich zu blanken fischreichen Seen staut. Ein Paß und eine uralte Handelsstraße verbindet uns mit diesem Nachbarn hinter dem Grimming. Sie haben schon andere Trachten und Bräuche. Ihre Mundart ist gegen unseren tiefen Tonfall wie Singsang. Ihr Wesen ist heiterer, behender, doch ebenso abgehärtet. Die linde Jahreszeit ist bei ihnen oft noch kürzer, und aus ihrem Boden läßt sich mehr Salz aufheben als Brot.

Der obersteirische Menschenschlag war die große Liebe des Prinzen Johann, 1859 gestorben – also vor über hundert Jahren. Sein Name berührt die Weltgeschichte. Zwischen seinem militärischen und politischen Leben vollbrachte er ein stilles, aber hochbedeutendes Kulturwerk in der Steiermark. Er, ein Bruder des Kaisers von Österreich, hat selbsttätig als Radmeister und Grundbesitzer an der Arbeit der Eisenbürger und der Bauern mitgewirkt, hat das schöne, kuriose und kostbare Erbteil der Vergangenheit bewahrt und die schöpferische Entfaltung in Geist und Stoff auf allen Wegen gefördert. Wer aber von diesen rühmlichen Verdiensten nichts wüßte, kennt doch seine sagenumwobene liebliche Herzensgeschichte mit der Ausseer Postmeisterstochter Anna Plochl, die in einem rechtmäßigen Ehebündnis ihr Ziel gefunden hat. Als ihm ein Sohn aus dem starken, gesunden Mutterstamm unseres Volkes geboren wurde, fügten sich seine Gedanken zum gesegneten Spruch, der wohl einem zugedacht, dennoch Gebet worden ist für jeden jungen Nachfahren Österreichs, der einstmals seine Augen auftat, nachdem Erzherzog Johann sie längst geschlossen hatte. „Welche und wie diese (seine Schicksale) seyn werden, da wenn Gott ihn leben läßt, sie in eine neue sich entwickelnde Zeit fallen, diese kann kein menschlicher Verstand angeben. Daß aber das Kind an Körper und Geist gedeihen und ein edles warmes Herz haben dürfte, hoff der, welcher die gegenwärtige Erzählung schrieb, vertrauend auf den, auf welchen er alleingebaut, dem nichts zu groß und nichts zu klein ist."

Und die blumige beschauliche Weissagung jener Biedermeiertage begann sich zu erfüllen. Schon in den siebziger Jahren, wo die Eisenbahn erstand und die neue Zeit alsbald auf Schienen einherrollte, gab es dem stillen Leben einen Ruck. Viele Gestalten entschwanden daraus, andere traten hervor, wie in einem Bilderbuch, wenn man umblättert. Noch sind die Menschen, welche diesen Wandel mit angesehen haben. Doch wenn sie davon erzählen, erscheint es ihnen selber wie ein Märchen, daß ehedem wacklige Reisekutschen, Salzknechte, kroatische Essigführer, Viehhändler, Hausierer, Kameltreiber, Walzbrüder, Harfenisten, abgediente Soldaten, vielleicht einmal eine kaiserliche Stafette, die großbestaunten Boten von jenseits der Berge und die Verkünder einer fernen Welt waren, die niemand daheim mit eigenen Augen gesehen hatte.

Wir sind mißtrauisch geworden; denn wir haben in kurzer Zeit große Wandlungen erlebt. Etliche Jahre Technik haben die Materie erschlossen und etliche Jahre Krieg haben den Geist gegen alles Überlieferte aufgebracht. Auch der Bergbauer hat an dieser Revolution teilgenommen. Die eindringende Wissenschaft und räumliche Vergrößerung des Gesichtsfeldes haben ihn über die ungeheuren Naturkräfte und die Welthändel aufgeklärt. Er meint nun, auch das Wunderbare nicht mehr glauben zu dürfen.

Wenn das Heu und das Grummet niedergelegt und der Schnitt in der Tenne ist, aber die Äpfel und die Ebereschen sich noch runden und röten, fällt oft schon mit einem matten Gewitter der Herbstschnee in die Landschaft. Nebel verhüllen den Morgen. Der Mittag ist heiß und von tiefblauer Klarheit. Bald schleiert die feuchte, rötlichgelbe Tönung des Abends von West nach Ost. Unter der schiefen Sonne erscheint die Wölbung des Urgebirges in wundersamen Farbstufen. Der rosenblasse Hauch seiner Gipfel schmilzt feuriger im Niedergleiten, er verschattet von Gelb zu bläulichem Grün und versinkt violett in den Talschluchten. Die Lärchen ragen wie Lichtkeile daraus hervor. Die Ennswasser spiegeln flacher im zwielichtigen Glanz des Urschiefers und des Kalkes. Gerade im Herbst, wo sich im Welken die Linien verschärfen und das Zeitliche vergilbt, zeigt sich die Eigenart des Gebirges, das aus Land und Meer entstanden ist. Über dem bunten Saum von Nadelholz, gelben Laubbüschen und roten Ebereschen greift schon die Kiefer in das trockene, spröde Geklüft der Kalkfelsen. Buchenbestände, sonst seltsam in der Gegend, verfärben sich an der sonnigen Bergseite und das Flimmern ihrer Kronen versteinert in der hohen Ferne zu einem graupurpurnen Mosaik. In den brüchigen Karen beginnen die Quellen wieder spärlich zu tropfen; über den kleinen, struppigen Bergkräutern, die noch Blüten treiben, fristet ein absterbendes Volk von Schmetterlingen. Bisweilen rieselt malmend und gebleicht der ewige Sand einher, lautlos wie Totenbächlein, und begräbt sie.

In der blendenden Nacktheit weht es heiß und kalt. Nur das kühnste Getier vermag dort zu bestehen. Adler und Geier horsten. Auf den Schneemulden unterhalb der Grate äsen bis zum Herbst die Gemsen mit den Kitzlein. Zu Allerheiligen, wenn die satten, berauschenden Düfte leise vergären und die Früchte gekellert sind und das Korn unter dem Dreschflegel hüpft, wenn die letzte grellrote und goldene Glorie der Natur auf die Gräber fällt und der Schnee schon an der windigen Baumgrenze anfriert, ducken sich die Bergbewohner mit dem Vieh in den finstern Gehöften zusammen. Hinter den kleinen Glasluken, wo im Rauch das Geranium blüht und die geschnitzten Krippenmännlein im Moose stecken, erwacht die arme Bauernseele im geschundenen Körper und erlebt die überirdische Ahnung des Advents. Der Jäger, der Wildschütz und der Holzknecht sind allein noch draußen. Ihr grobes Tagwerk und ihre junge Kraft verliert sich selten in die stille Besinnlichkeit der Träume, weil Tod und Leben sie in Atem hält. Aber wenn neben der roten Schweißspur des flüchtigen Wildes fromm die Christbäume aufleuchten und wenn die Bräuche der Heimat selbst Speis und Trank aus Irdischem haben, werden auch sie den heiligen Gewalten fügsam. O viele von denen, die sich dem Zauber der Welt verdingt haben, sie horchen nun doch auf die Glocke, die in der Einschicht läutet, sie folgen dem Laternchen, das irgendwo durch die Schneenacht rückt. Und sie müssen sich stumm vor dem Wunder Gottes neigen wie einst die Hirten von Bethlehem.

Paula Grogger

Knappendenkmal in Vordernberg. Schon in vorgeschichtlicher Zeit wurden in der Steiermark Salz und Eisen gewonnen, später Silber, Kohle, Magnesit und andere Minerale. So wurde der Bergmann zum Symbol des Wohlstands und der Sicherheit.

Monument of a miner in Vordernberg. In old historic times salt and iron were already won in Styria, later on silver, coal, magnesium, and other minerals. Thus, the miner became the symbol for prosperity and security.

Monument d'un mineur à Vordernberg. Déjà aux temps préhistoriques, la Styrie était un pays de mines. On gagnait le sel et le fer, plus tard l'argent, le charbon, le magnésium et d'autres minéraux. Ainsi le mineur devint le symbole de la prospérité et de la sécurité.

Der Erzberg. Österreichs „eiserner Schatzberg" zwischen Eisenerz und Vordernberg war schon den Kelten bekannt und von Römern und Slawen abgebaut worden. Er gab der Steiermark den Namen „Eherne Mark". Sein Gipfel wird durch den Abbau immer niedriger.

The Erzberg. Austria's "iron treasure" between Eisenerz and Vordernberg was already known by Celtics, Romans, and Slavs. Iron-ore was worked here in the Middle Ages. Because of this mountain Styria was called "Iron Marches". With the increasing exploitation the summit is growing lower and lower.

La montagne « Erzberg ». La « montagne de fer » entre Eisenerz et Vordernberg était déjà connue par les Celtes et fut exploitée par les Romains et les Slaves. Son sommet rabaisse par l'exploitation. C'est par lui que la Styrie est surnommée « Eiserne Mark ».

Reiseland Steiermark

Die Wechselerscheinungen der verschiedenen Klimate und Landschaften, die einem Reisenden, der etwa von Paris, vom Rheinland oder von Berlin zum Nordkap wandert, auf dieser 2000 bis 2500 Kilometer langen Strecke begegnen, kann der Steirer leicht an einem einzigen Tag erleben, wenn er aus den tief eingeschnittenen fruchtbaren Tälern des Landes auf die bis in die Firnregion ragenden Häupter des steirischen Hochgebirges steigt oder etwa eine Reise aus dem welligen Weinland des Sausals im Süden bis in die Schluchten des Dachsteins oder die Kare des Toten Gebirges im Norden der Steiermark unternimmt.

Denn dadurch ist die Steiermark ja vor allem gekennzeichnet: Vielfalt und Abwechslung. Der Lage des Landes an der Ostabdachung der Alpen, seinem gleichzeitigen Anteil sowohl an den Nördlichen Kalkalpen als auch an den Urgebirgsformen der Tauern, dann aber auch an dem Hügelland und den Ebenen des Südens und Südostens Österreichs verdankt es seine Fähigkeit, als Reiseland allen Wünschen und Geschmäckern des Publikums gerecht zu werden.

Auch in wirtschaftlicher Hinsicht ist die Steiermark das Land der Vielfalt. Durch seine Berge und Seen, seine Kurorte, Bäder und Sommerfrischen, seine reichen Jagden und Fischwässer zum Fremdenverkehrsland geradezu bestimmt, ist es andererseits gleichzeitig Sitz uralter und neuer Industrien.

Landschaft und Geschichte haben den Menschen der Steiermark geformt. Und von der Vielfalt beider ist er ein lebendiges Zeugnis. Die Landschaft, die die Klimate und Formen fast eines Erdteiles, gewissermaßen komprimiert auf 16.000 qkm, umfaßt, eine Geschichte, die jahrhundertelang gleichzeitig die Geschichte des Heiligen Römischen Reiches und manchmal die Europas war, konnte keinen Herdenmenschen hervorbringen. Der Steirer war immer Individualist und Föderalist, abhold politischer und wirtschaftlicher Gleichmacherei, oft ein Einzelgänger, und doch immer ein treuer Freund und Kamerad, talentiert für alle Gewerbe und Künste, musikalisch in erster Linie, konservativ an seinen Sitten und Gebräuchen festhaltend, seßhaft, aber doch aufgeschlossen dem Geiste anderer Völker.

Dieses Land der Vielfalt in Geschichte, Klima, Landschaft, Bodenschätzen, Kultur und Bewohnern will auch Reiseland sein, und alle seine Voraussetzungen bestimmen es dazu. Die Reichhaltigkeit der Geländeformen und -lagen, die Kurmittel und Sommerfrischen, die verschiedensten Sportgelegenheiten, die zahlreichen im ganzen Land erhaltenen Kunstschätze aller Epochen, von der Bronzezeit bis zur Gegenwart, können jedem das bieten, was er sucht. Der Hochtourist z. B. wird in den gewaltigen Südwandabstürzen des Dachsteins, in den Bergen des Ausseer Landes oder in den wilden Dolomitzacken des Gesäuses ein Eldorado finden. Aber freilich, die Berge allein tun es auch nicht mehr. Darum sind wir darangegangen, dem Sportler und Bergsteiger die Ausübung seiner Passionen bequemer zu gestalten. Bergbahnen und Skilifte besorgen dies. In vielen Wintersportorten der Ober- und Mittelsteiermark sind solche schon seit vielen Jahren in Betrieb. Das Gesäuse, ein weiteres Bergsteigerparadies, beiderseits des wilden Durchbruches der Enns, bietet dem Felskletterer auf seinen berühmten Spitzen, wie Reichenstein, Ödstein, Hochtor, Planspitze, Großer und Kleiner Buchstein, Lugauer u. a., letzte Möglichkeiten. Und wieder finden wir

Großlochbohrer. Im Industriegebiet der Obersteiermark werden die größten und modernsten Maschinen eingesetzt. Mittelpunkt der steirischen Schwerindustrie ist der Ort Donawitz.

Drilling-machine near Donawitz. This big drilling-machine is one of the greatest of its type used in the industrial districts of Upper Styria. The center of the Styrian mining-and-iron-and-steel industries is Donawitz.

Un grand perçoir. Dans la région d'industrie de la Styrie on emploie les machines les plus grandes et modernes. La ville de Donawitz est centre de la grande industrie styrienne.

Landschaft und uralte Kultur in harmonischer Vereinigung. Wo sich die Ebene des Ennstales vor der wilden Gesäuseschlucht zum letzten Mal weitet, liegt Admont mit seinem Benediktinerkloster, seiner herrlichen Bibliothek, Fundgrube der Historiker, Schatzkammer der Geschichte, Sitz vieler großer Äbte und manch großer Künstler. Bei Hieflau, wo das Gesäuse endet, mündet in die Enns die reißende Salza, bekannt durch ihre mutigen Holzflößer, die sich vom Wasserschwall der Bresceniklause die grause Bergschlucht talab treiben lassen. Südlich der Salza liegt der Hochschwab, ein zerrissenes Kalkplateau, das größte Gemsenrevier Europas, in seinen Nordabstürzen den Ursprung der Wiener Hochquellenleitung bergend („Siebensee"). Rudel von hundert Gemsen und mehr sind keine Seltenheit: eines der letzten Tierparadiese Europas.

Salzaaufwärts gelangt man über die in romantischer Felseneinsamkeit liegenden Sommerfrischen Wildalpen und Weichselboden nach Mariazell, dem größten Wallfahrtsort Österreichs, seit vielen Jahrhunderten alljährlich Ziel von vielen Tausenden, die der Magna Mater Austriae ihre Bitten zu Füßen legen wollen. In merkwürdiger Mischung ist aber Mariazell gleichzeitig größter Fremdenort der Steiermark mit modernen Großhotels und internationaler Ausstattung, Seilschwebebahn auf die Bürgeralpe, Skiliften und allen anderen Einrichtungen eines modernen Sommer- und Winterkurortes.

Kühne Bergstraßen und Pässe, wie der Rottenmanner Tauern (1266 m), der Schoberpaß (849 m), der Präbichl (1227 m, Berg- und Skilift auf den Polster in 1911 m Seehöhe) und Lahnsattel (1006 m), führen uns dann aus den Nördlichen Kalkalpen in eine ganz anders geartete Welt, in das Gebiet der Zentralalpen, in die Täler der Mur und Mürz. An die Stelle der zerrissenen Dolomitspitzen der Nördlichen Kalkalpen treten die gewaltigen, wuchtigen, aber sanfteren Gebirgsformationen der Zentralalpen, zwischen Enns und Mur vor allem durch die Tauern charakterisiert. Die weiten, viele Kilometer langen Höhenrücken, der Wald, die ausgedehnten Hochalmen, die Skiparadiese geben diesen Landesteilen das Gepräge. Hier gibt es noch unberührte riesige Waldungen, vielhundertjährige Zirben (Zirbitzkogel) sind wahre Naturdenkmäler, riesige Hochwildjagden entzücken den Waidmann, Klimainseln mit unwahrscheinlich langer Sonnenscheindauer verheißen den Lungenkranken Heilung (Sanatorium Stolzalpe bei Murau, 1200 m). Uralte Siedlungen, meist ehemalige Bergbaustädte, liegen hier im oberen Murtal, fast immer auch durch ihre Baugestaltung und ihre Kulturdenkmäler bemerkenswert, so Murau, Oberwölz, die kleinste und einzige Stadt Österreichs, die noch ihren mittelalterlichen Mauerring vollständig erhalten hat, Judenburg, Knittelfeld, Leoben, Bruck und andere.

Das Mürztal, industriereich und betriebsam, gleichwohl mit mancher lieblichen Sommerfrische geschmückt (Kindberg, Krieglach), ist dem Steirer vor allem als Heimat Peter Roseggers teuer, der aus einem Bauernhaus in der Waldheimat von Alpl bei Krieglach stammt.

Von Bruck südwärts geht es der Mur entlang durch die Mittelsteiermark der Landeshauptstadt Graz zu. Auf halbem Weg kommen wir in den altertümlichen Markt Frohnleiten, eine beliebte Sommerfrische, und kurz darauf nach Peggau, wo 100 m von der Reichsstraße entfernt das größte Tropfsteinhöhlensystem Österreichs, die berühmte Lurgrotte Peggau-Semriach, ihren Anfang nimmt.

Am Beginn des steirischen Hügellandes und der Ebene liegt Graz, die Landeshauptstadt, die zweitgrößte Stadt Österreichs und doch Gartenstadt, aufstrebendes Industriezentrum und doch von Rudolf Hans Bartsch besungener Zufluchtsort der

Romantik, einst Zentrum des Römischen Reiches, als Friedrich III. hier die stolze Devise „Austria erit in orbe ultima" prägte. Vielfach trägt die Stadt heute noch die Züge ehemaligen fürstlichen Mäzenatentums. Burg, Dom, Landhaus, Zeughaus, Kirchen und Adelspaläste gewähren dem Beschauer in verschwenderischer Fülle Bau- und Kunstwerke der Gotik, der Renaissance und des Barock. Graz ist auch der Sitz des Joanneums, jener großen Stiftung Erzherzog Johanns, die, vom Land Steiermark wohl gepflegt und dotiert, wieder mächtigen Aufschwung nimmt.

Rund zwölf Kilometer nordöstlich von Graz liegt der Schöckel (1446 m), der letzte bedeutende Berg der Alpen vor dem Übergang in die Ebenen des Südens und Südostens. Er wurde vom Kurort St. Radegund aus durch eine moderne Gondelseilbahn erschlossen, von Norden her durch einen Sessellift. Von ihm aus genießt man infolge seiner Lage eine selten weite Fernsicht, die vom Semmering bis zum Triglav, vom Bösenstein und Hochschwab bis zum Plattensee reicht.

Von ihm aus übersieht man das ganze steirische Hügel- und Flachland, die Korn- und Weinkammer des Landes, die den Reisenden wieder ganz anders anspricht als die bisher durchwanderten Landesteile. Bei Leibnitz, dem römischen Flavia solva, eine halbe Autostunde südlich von Graz, beginnt das eigentliche südsteirische Weingartenland. Auch hier und ebenso in der West- und Oststeiermark sind wiederum viele alte Kulturstätten über das Land ausgestreut, Städte und Märkte, Burgen und Schlösser und ehrwürdige Abteien. Trotzig ragt auf steilem Basaltfels die Riegersburg zur Höhe, einst Sitz der streitbaren Freiin Elisabeth von Galler, die heute noch in Geschichte und Sage fortlebt. Im äußersten Nordosten des Landes liegt Vorau, Sitz eines berühmten Chorherrenstiftes mit prachtvoller Bibliothek. Im Südosten das größte und wichtigste Heilbad des Landes, Bad Gleichenberg.

Steiermark, das Land der Vielfalt und Abwechslung: Die Wanderung, die wir in diesem Aufsatz versucht haben, sollte vor allem diese beiden Eigenschaften der Steiermark kennzeichnen und beweisen, daß die Steiermark als Reiseland dem Dichterwort gerecht zu werden vermag: „Wer vieles bringt, wird manchem etwas bringen."

Udo Illig

Wortpalette Steiermark

Roden Graben	Mühle im Fruchtland
Schürfen Schneiden	Wagenrad Störche
Erz und Wald	Vogelschreck im Rebengarten
Verwitternde Fliehburg	Bibliothekssaal der Äbte
Zeughaus Rüstkammer	Münster Propstei
Offene Türkengrenze	Liedbesungener Berg
Eisen im Berg Hammerherrn	Schuhplattler Jodler
Knappen Stolze Gewerke	Leutseliger Herr
Landhaus Uhrturm Brunnenlaube	Prozession Pilgerschar Gnadenort
Bürgerliches Behagen	Von den Vätern her: Waldheimat
	Ernst Marboe

Himmlischer Weg durch die Höll

Auf dem Straßensattel des über 1000 m hohen Kastenriegels zwischen Weichselboden und Wegscheid im Hochschwabgebirge hat die Forstverwaltung Wegscheid
eine Art von Gipfelbuch hinterlegt. Das ist ein Kuriosum: der Kastenriegel ist
nämlich kein Berg und auch kein Gipfel, sondern nur eine Paßhöhe, die den
Hochschwab mit einem seiner Vorgebirge, den Zeller Staritzen, verbindet. Die
Wanderer aber, welche das Felsbollwerk des Kastenriegels auf der Jagdstraße
von Weichselboden oder Wegscheid her erwandern, nehmen diesen höchsten Punkt
ihres Wanderweges wohl alle gerne als Höhepunkt oder Gipfel und tragen sich
in das Büchlein ein. Im schattigen Buchenwald stehen dort neben einem
liebevoll betreuten Bildstöckl Tisch und Bank und laden zur Rast ein.
Einer dieser Wanderer hat – wohl für alle begeisterten Besucher dieses Gebietes – im Paßbüchl vermerkt:
„Mir geht nicht ein, warum diese himmlische Gegend ausgerechnet Hölle genannt wird!" Vom Standpunkt des Wanderers hat er recht: die Jagdstraße „In
der Höll" oder „Durch die Höll" könnte eher der siebente Himmel aller Wanderwege heißen, und ihre Umgebung kann man nur als himmlisch schön be-
zeichnen. Aber nicht die Wanderer und Bergsteiger haben die Fluren und Berge
benannt. Die Einheimischen waren es, die dort ihren Alltag verleben müssen,
wo der flüchtige Besucher nur ein Sonntagsgesicht der Landschaft sieht (und sehen
will). Doch wer es versteht, aus den Zügen einer Landschaft ihr Schicksal und
das ihrer Bewohner zu lesen, der weiß, warum es in der schmalen Talspalte
zwischen dem grandiosen Nordabsturz des Hochschwabs und den niedrigeren, aber
immer noch schroffen Südwänden der Zeller Staritzen seit alters „In der Höll"
heißt. Gegenden, die der Volksmund mit „höllischen" Beinamen versehen hat, finden
wir in allen Teilen der Alpen: es sind unwirtliche, unfruchtbare, weltabge-
schiedene Schluchten und Gräben, Felswände und Abstürze, in denen sehr wohl der
Leibhaftige sein Unwesen treiben mochte mit dem Höllenlärm von Steinschlag
und Felssturz, von Lahn und Mur.
Und an einem schwülen Hochsommertag des Jahres 1916 war auch wirklich die
Hölle los am Kastenriegel: ein fürchterliches Unwetter ging über dem Hochschwab nieder und zerstörte ein Stück der Straße mit allen Brücken und
sonstigen Befestigungen. Das war mitten im Ersten Weltkrieg; die Straße
konnte damals nicht gleich wieder repariert werden und ist bis heute unterbrochen
geblieben. Aus welchem Grund immer diese Jagdstraße durch die Höll – seinerzeit
vom „Steirischen Prinzen" Erzherzog Johann erbaut – nicht erneuert worden ist,
mag den Wanderer nur mäßig interessieren. Sie führt durch das Jagdgebiet der
Grafen von Meran, und vielleicht ist gerade dank dieser Unterbrechung ein
noch sehr urweltliches Stück Gebirge in voller Ursprünglichkeit erhalten geblieben.
Dafür kann man heutzutage nur dankbar sein!
Wie Herr Rudolf Knoll aus Wegscheid, wohl der beste Kenner des Gebietes, zu
berichten weiß, wurden vor dem Ersten Weltkrieg viele Fiakerrundfahrten von
Mariazell aus über Gußwerk, Wegscheid, Kastenriegel, Weichselboden, durch das
Salztal und nach Gußwerk und zurück unternommen. Auf dem befand sich zu dieser

Mariazell. Der bedeutendste mitteleuro-
päische Wallfahrtsort ist aus einer kleinen
Klostergründung Mitte des 12. Jhdts.
hervorgegangen. Im 17. Jhdt. wurde die
Kirche erweitert und damit der erste
kirchliche Großbau des steirischen Barock, die größte Kirche der Steiermark
geschaffen.

Mariazell. The most important middle-
european place of pilgrimage originates
from a small monastery in the 12th century. The church was transformed into
the first great ecclesiastical building of
the Styrian Baroque and became the
greatest church of Styria.

Le pèlerinage de Mariazell. Le plus grand
pèlerinage de l'Europe centrale se
developpa de la fondation d'un petit couvent au 12e siècle. Au 17e siècle l'église
fut agrandie et devint la basilique la plus
grande de la Styrie, un chef d'oeuvre du
style baroque.

Weichselboden. Diese idyllische Landschaft an der Salza bietet dem Erholungs-
suchenden Ruhe, Einsamkeit und Schönheit der Natur.

The region of Weichselboden. This
idyllic landscape on the River Salza
offers solitude and quiet and beauty of
nature to the visitor.

Le région solitaire de Weichselboden. Ce
paysage champêtre au bord de la Salza
offre calme, solitude et beauté de la nature
à celui qui cherche le repos.

Zeit auch eine kleine Jausenstation. Nach Berichten Knolls bestand in der Hinteren Höll auch eine Fundstelle von Kaolin (Weißerde). Dieses Rohmaterial wurde im Frühjahr unter Schotter- und Erdschichten herausgestochen, bis zum Herbst eingelagert und dann per Bahn nach Meißen in die Porzellanmanufaktur gesandt. Auch dieser kleine Betrieb soll wegen der zerstörten Straße aufgelassen worden sein; Spuren der Schürfung sind in der Hinteren Höll noch zu sehen.

Nun, heutzutage könnte weder ein Fiaker noch ein Motorfahrzeug in die Jagdstraße einbiegen, die völlig eben in Weichselboden beginnt. Nur Fußgänger können den Schranken passieren, der sie vom Fahrverkehr abschließt. Wie schön ist das: auf einer Straße dahinzuschlendern, die so gut gebaut und angelegt, mit feinem weißen Sand bedeckt ist, völlig ungestört von vorbeisausenden Fahrzeugen! Man merkt es gleich: das ist eine Straße von Tradition, etwas verschieden von so manchen modernen, breiten, aber lehmigen Waldstraßen und Güterwegen! Von hohen Fichtenbäumen begleitet, gleicht die Höllstraße, an der sich auch Anlagen der zweiten Wiener Hochquellenleitung befinden, eher einer Allee in einer Parklandschaft als einem Fahrweg. In der Vorderen Höll zeigen sich die höchsten Felswände des Hochschwabs: die 600 m hohe Schneekarmauer, die mit dem benachbarten Felsturm des Heuschobers erst vor 20 Jahren für den Alpinismus entdeckt und erstmalig bestiegen wurde. Jägern waren Wände und Gipfel wohl schon bekannt; aber Jagd und Bersteigerei ist zweierlei! Beim Jagdhaus in der Höll öffnen sich die beiden „Ringe", zwei sonderbare, übereinander gelagerte und in den Fels gewundene Kare. Die Abstürze des Unteren Ringes sind 1000 m hoch, die des Oberen Ringes an die 500; ein bewachsener Boden trennt beide und ist Standort großer Gamsrudel. Die beiden Ringe sind weglos und zudem streng gehütetes Jagdrevier; sie werden nur gelegentlich von Kletterern besucht, die meistens von der Hochfläche des Hochschwabs aus einsteigen. Die beiden Ringe sind ein Schaustück der Kalkalpen.

Zwischen der Vorderen und der Hinteren Höll baut sich der Seesteinsattel auf; nicht allzu steil – wir befinden uns ja im siebten Himmel des Wanderns! Unmerkliche Steigungen und kaum spürbares Gefälle, schattiger Wald, weicher Sand- und Wiesenboden und ein großartiger Aufblick zu den Bergen machen diesen himmlischen Höllenweg zur idealen Wanderung. Hie und da kreuzt auch ein Tier – Reh oder Gams – unseren Weg. Die Hintere Höll, friedlicher in der Stimmung, ausgeglichener in der Form der Landschaft, bringt noch eine Steigerung des Wandergenusses, die man kaum für möglich gehalten hätte.

Nach den stillen Auen der Hinteren Höll türmt sich die Trennwand des Kastenriegels auf, doch in gemächlichem Steigen überwindet man auch dieses kleine Hindernis aus mürbem Fels. Der knorrige Dippelwandgrat und Flurnamen wie die „Roßhöll" erinnern uns daran, daß sich über uns der unbekannteste und wildeste Teil des Hochschwabs erhebt, aber im Abstieg vom Kastenriegel geht es langsam zu Ende mit der Wildheit der Felsen und auch mit der Einsamkeit. Wiesen- und almengrün schauen die Mariazeller Waldberge vom Talausgang herein, die ersten Bauernhäuser tauchen auf und eine köstliche Quelle bringt Leben nach der Wasserarmut der Höll, die als Einzugsgebiet der Hochquellenleitung ja fast wasserlos ist. Klar und eisig ist dieses Hochschwabwasser, das uns begleitet bis in den Ort Wegscheid, der nur eine kleine Häusergruppe ist, aber Bedeutung hat als Straßenknotenpunkt zwischen Seeberg und Mariazell und der Bergstraße zum Niederalpl.

Liselotte Buchenauer

Mariazeller Gnadenaltar. Das Gnadenbild am Silbernen Altar (1727), der von J. E. Fischer v. Erlach stammt, ist eine 47 cm hohe romanische Muttergottesstatue aus Lindenholz (13. Jhdt.), der „Magna Mater Austriae" und Schutzfrau Österreichs geweiht.

The miraculous image of the altar of Mariazell. The wonder-working image on the silver-altar (which was built in 1727 by J. E. Fischer von Erlach) is a 47 high romanesque sculpture of the Virgin, which was carved of linden-wood in the 13th century. It is consecrated to the "Magna Mater Austriae", the patron saint of Austria.

L'autel de l'église de Mariazell. L'image miraculeuse de la Vierge de Mariazell, une statue de bois de tilleul d'une hauteur de 47 cm du 13e siècle est consacrée à la «Magna Mater Austriae», la patronne de l'Autriche.

Der Tisch

Und nun lade ich euch zu Tische.

Zu Tische in mein altes Vaterhaus, das auf hohem Waldberge steht. Das ist ein Tisch, wie alle Tische in Bauernhäusern schon sind, gebaut aus dichtem, festem Eichenholze, mit Grundfesten, als müßten sie ein Haus tragen; mit einer Büstung, unverrückbar glatt gezimmert, von außen aber fein geschmackvoll mit eingegrabenen Zeichen verziert, mit einer Platte ferner, eine Geviertklafter groß und drei bis vier Zoll dick. Unmittelbar unter der Platte ist ein Gelaß, dessen Geheimnis man nicht gerne wissen läßt. Tiefer als dieses Gelaß ist die dickwändige Schublade, in welche der himmlische Vater das tägliche Brot und die Hausfrau das feingeglättete Tischtuch legt; auf daß der Bauer oder der Großknecht beides hervorthun kann, wenn das Gesinde um den Tisch herumsteht, das Vaterunser betet und diesem noch die Worte beisetzt: „Was uns gesetzt wird auf den Tisch, gesegne uns der liebe Vater Herr Jesu Christ; Gott speis uns mit seinem göttlichen Wort, auf daß wir satt werden hier und dort, in der ewigen Freud und Seligkeit, Amen." Oder sie machen die alte fromme Einladung: „Komm, Herr Jesu, sie unser Gast, gesegne, was du uns bescheret hast."

Nun, das „göttliche Wort" und der Gast bleiben freilich zumeist aus; und offen gestanden, für sie ist auch gar nicht aufgedeckt worden. Zwar was das Wort Gottes anbelangt, so trägt es sich an Sonntagen, wenn der Hausvater just in einer frommen Stimmung ist, wohl auch zu, daß er den Ziehbuben frägt: „Nu, Hansel, bist wol fleißig bei der Predigt gewesen? Was hat er denn gesagt?"

„Ja, siebzehn ledige (uneheliche) Kinder, hat er gesagt, sind in dem Jahr auf die Welt kommen und schon wieder zum Roboten war's", antwortet der Junge treuherzig und macht einen langen Hals, daß er in die Schüssel mag gucken, wo denn die Brocken allweg herumrennen, daß ihm so gar keiner in die Schaufel rutscht.

Der Hausvater brummt: „Wenn der sein Maul aufthut, so kommt schon gewiß alleman ein Unsinn heraus."

„Ja, das hab ich mir auch denkt", meint der Hansel.

Da wendet sich der Bauer gegen den Ziehbuben; sein Gesicht geht in die Länge und in die Breite: „Narr, du! Dich hab ich gemeint und nicht den Herrn Pfarrer!"

So weit beiläufig gedeiht auf dem Tische das Wort Gottes. Zuweilen aber, wenn der Hausvater nicht zugegen, kommen ganz andere Redestoffe unter den Löffel; die Bauernburschen, denen an der Wiege sonst nicht viel von Witz und Spitzfindigkeit gesungen worden, vermögen sehr geistreich zu sein, wenn jener weltberühmte Gegenstand zur Sprache kommt, der die Unschuld mit Rosa färbt. Das Essen wird dann bei solchen Abhandlungen nur so nebenher betrieben; das Grubenkraut und die saure Milchsuppe, die Knödel oder der Sterz wissen ihr Anrecht auf den anderartig gereizten Sinn nicht recht zur Geltung zu bringen.

Und erst, während endlich wieder das Kreuz geschlagen und das Tischgebet gesprochen wird: „Himmlischer Vater, wir sagen Gott Lob und Dank für alle Speis und Trank, und vergelt's Gott, speis Gott, tröst Gott alle christgläubigen Seelen im Fegfeuer. Am-", vermögen sich die gerötheten Wangen der Mägde wieder ein wenig zu kühlen.

Auf der Büstung des Tisches in meinem Vaterhause stand nebst dem „süßen Namen" die Jahreszahl 1843 eingeschnitten. In demselben Jahre war meines Vaters Ältester geboren worden, und ich hatte also fortwährend Anlaß, zu betrachten, daß ich und die Schar, die nach mir vermuthet wurde, Anstoß zum Baue eines neuen, umfangreichen Tisches gegeben haben möchte.

Der neue Tisch, wie ich ihn fand, war roth „gefirneißt". Auf der Mitte der Platte aber war eine blaue Runde ebenfalls mit dem „süßen Namen" bemalt, denn dieser ist allen armen Leuten das Zeichen des Gottessegens, den mein Vater nicht allein für die Kinderstube, sondern und vielmehr noch für den Tisch brünstiglich herabflehte.

Um den Tisch herum, der an der Hausecke unter dem Hausaltare stand, waren Bänke, viel weniger zum Sitzen benützt, als zum Knien.

Kennt ihr die vier dunkelrothen, rauhschuppigen Flecken an den Knien und Ellbogen der Bauersleute? Zwei derselben werden auf der Bank erzeugt, die zwei anderen auf dem Tisch. Mit waagrechten Rücken kauern sie auf diesen Möbeln und lärmen dem Crucifixe und der brennenden Wachskerze ihren „Rosenkranz" vor. Gleich daneben auf der Wandleiste liegt das Gebetbuch mit vielen Gebeten und Litaneien, für den Fall, daß die geweihte Kerze nach dem „Rosenkranz" noch nicht herabgebrannt ist. Und da hat sich's wohl auch schon begeben, daß der Großknecht, wenn er nach dem Gebetbuche langte, ein anderes, das gleich daneben auch liegt, erwischt hat. Dieses andere Buch hat zweiunddreißig Blätter, und die Burschen verrichten aus demselben, wenn nicht schon während des „Rosenkranzes", so doch gleich danach ihre Abendandacht. Und der Tisch, der eben noch ein Altar gewesen, ist eine Spielbank geworden.

Auch bei uns daheim ist es so gewesen, und lustig haben unsere Knechte die Blätter losgeworfen auf den „süßen Namen": Trumpf das Herz! Saggra, nein g'stochen das Aß!" Keiner hat den „süßen Namen" gesehen unter seinen fliegenden Karten und polternden Fäusten, 's ist hell zum Entsetzen gewesen.

Einmal hat unser Tisch eine ganz besondere Wichtigkeit erlangt. Unsere Magd hatte einen Sohn beim Militär und dem wollte sie schreiben. Das war vielleicht die kühnste Idee, die sie in ihrem ganzen Leben gefaßt, und sie mußte dazu ihren ganzen Einfluß aufbieten, den sie auf Menschen je zu üben vermochte. Das war im vornhinein entschieden, in unserem Hause war keiner, der schreiben konnte. Meine Mutter verstand wohl das h zu machen, aber mit dem h allein schreibt man keinen Brief an einen Kaiserjäger, der vielleicht nächstes Jahr schon Corporal wird.

In unserer Nachbarschaft war auch keiner, der schreiben konnte; aber hinter dem Wald drüben lag ein Dörfchen, von welchem aus nur eine Stunde Weges mehr war bis zum Häuslein, in dem der alte Schriftgelehrte Schneider Klepps wohnte. Diesen Mann nun hatte unsere Magd nach dreimaligem Hinübergehen und eindringlichen Bitten gewonnen. Und eines Sonntag nachmittags war nicht allein aller Staub und Ruß abgescheuert in unserer Stube, sondern auch der Tisch fein gewaschen, und die ein wenig zerknitterte Rolle eines Papierbogens lag darauf und eine lange Gansfeder und ein kohlschwarzes Fläschchen dabei. Ich schlich um den Tisch herum und mußte mich auf die Zehen stellen, wollte ich mein Kinn über den Rand desselben emporbringen. Die Magd verscheuchte mich mehrmals und bewachte die Gegenstände, die sie aus ihrem Eigenen angeschafft und heimgetragen hatte. Endlich ging die Thür auf und der Kleppschneider trat ein. Als einige Wochen früher mein Vater sterbenskrank gelegen, ist der Pfarrer mit dem Sacrament nicht ernster und würdevoller zur Thüre hereingegangen, als jetzt der Kleppschneider.

Er setzte sich sofort zum Tisch, glättete das Papier, schnitt die Feder, entkorkte die Tinte und sah nun die Magd an, was sie denn schreiben lasse. Diese trippelte hin und her, band dreimal ihre Schürze fester und fünfmal ihr Kopftuch, räusperte sich und sagte endlich, sie überlasse alles dem Meister. Zuletzt jedoch, als er sie in Anlauf brachte, ließ sie schreiben, daß sie ihn, den Mathias Schöberreiter, grüßen lasse, daß sie, Gott sei Dank, gesund sei, sowie sie auch hoffe, daß ihr Schreiben auch ihn in bester Gesundheit antreffen werde, daß sie ihm aber nichts schicken könne von dem, wonach er gebeten, weil sie nichts habe. – Bei diesem letzten Satz hub sich das Angesicht des Kleppschneiders dermaßen an zu runzeln, daß ich bei mir dachte, es sei ein rechtes Unglück, daß er sein Biegeleisen nicht mit sich gebracht. – Als der Brief versiegelt und überschrieben war, frug die Magd klopfenden Herzens nach ihrer Schuldigkeit. Da that der Schneider einen entsetzlichen Lacher. „Schuldigkeit! Habt's ja nix!" Die Magd wollte vor Scham und Herzweh in die Erde sinken, da kam schon meine Mutter von der Küche herein, brachte auf einem grünen Teller ein überzuckertes „Eierschöberl", und bevor sie es vor den Meister hinstellte, suchte die Magd noch dadurch ihrer Dankbarkeit Ausdruck zu verleihen, daß sie ihre blaue Schürze herabriß und dieselbe vor dem Kleppschneider flux als Tischtuch breitete. Somit war das Angesicht wieder geglättet; und vollends, als nach dem Schmaus meine Mutter dem Fortgehenden den Rest des Eierkuchens in den sehr tiefen Sack schob, da war die erfreulichste Harmonie wieder hergestellt.

Ich verschmerzte heute den Eierkuchenrest, der bei solchen Gelegenheiten in der Regel sonst mir zufiel, leicht; mein ganzes Trachten ging dem Rest des Papiers, der Tinte und Feder zu, wie diese Dinge noch auf dem Tische lagen. Kaum war des schriftkundigen Meisters Sitz noch abgekühlt, als ich auf denselben kletterte und meinen ersten Federzug versuchte. Aber mit meinem ersten Federzuge machte ich meinen ersten Klecks, das Tintentöpfchen kippte um und spie seinen ganzen Inhalt auf den lieben „süßen Namen".

Ich weiß, ihr erlaßt mir gerne die nun folgende Szene, wie ich sie meiner Mutter gerne erlassen hätte. – Es sind viel Sandwische und „Rosenkränze" darüber hingefahren, aber der Flecken auf dem Tisch ist heute noch nicht erblaßt.

Als der Matthias zurückkam, war er richtig Corporal; da hat er uns mit Kreide den Feldzugsplan von 1859 auf den Tisch gezeichnet und der Tintenfleck versinnlichte das schöne Königreich Lombardien.

Eines Tages kam der Nachbar und wollte mit meinem Vater eines Wiesenraines wegen Streit anheben. Zuerst legte ihm mein Vater einen Laib Brot auf den Tisch vor. Er möge sich davon abschneiden und dann thäten sie sich in aller Gütlichkeit der Wiese wegen begleichen.

Der Nachbar schnitt sich kein Brot und wollte von einem gütlichen Vergleich nichts wissen. Da stemmte sich mein Vater mit aller Gewalt an die Tischplatte, diese gab nach und schob sich hinweg über das Gelaß. Nun zog mein Vater aus den vielen sorglich zusammengebundenen Papieren, die im Gelaße waren, ein Blatt hervor, sah es an und murmelte zu sich: „Das hat den Fettflecken, das wird's wohl sein." Dann legte er das Papier dem Nachbar vor: „So, Vetter, da ist die G'schrift; der Wiesenrain gehört zu meinem Haus!"

Der Nachbar ging grollend davon. Mein Vater aber that das Papier wieder ins Tischgelaß und schob die wuchtige Eichenplatte darüber. Und von dem Tag an wußte ich, wo das Archiv des Hauses war. Auch mein Taufschein ist aus dem Tischgelaß hervorgegangen, als unser Herr Pfarrer den Zweifel aufwarf, ob ich ein Christ oder ein Heide sei.

Peter Rosegger, *Volksleben in der Steiermark, 1875*

Die Knappengräben. Die schöne Landschaft um Mariazell, durchfurcht von zahlreichen kleinen Tälern, hat sich ihre Ursprünglichkeit bis zum heutigen Tage bewahrt.

The Knappengraeben. The beautiful landscape around Mariazell is furrowed by many small valleys, the Knappengraeben. It has preserved its originality to the present days.

Les Knappengraeben. Le beau paysage autour de Mariazell tracé par beaucoup de petites vallées a gardé jusqu'aujourd'hui son originalité.

Neuberg an der Mürz. Die ehemalige Zisterzienser-Abtei am Fuße der Schneealm wurde im 14. und 15. Jhdt. erbaut. Der Raumeindruck der von hellem Licht durchfluteten Kirchenhalle ist von großer Klarheit; sie gehört zu den schönsten Hallenkirchen der Steiermark.

Neuberg-on-the-Muerz. The former abbey at the foot of the Schneealm was built in the 14th and 15th centuries. The clearness and brightness of the nave make a deep impression upon the churchgoer.

L'Abbaye de Neuberg an der Muerz. L'eglise abbatiale des cisterciens au pied du Schneeberg fut bâtie aux 14e et siècle. L'impression de l'intérieur pour le visiteur est celle d'une grande clarté.

Durch die steirische Landschaft

In seinen leichter werdenden Morgenschlummer hinein und halb wie im Traum glaubt der fünfjährige Knabe den Gesang vieler Menschenstimmen zu hören. Erst nur leise und aus weiter Ferne, dann lauter anschwellend und zuletzt allmählich wieder verklingend, als seien die Sänger wandernd näher gekommen, am Hause vorbeigezogen und, immerzu singend, wieder fortgegangen. Der Schlaf senkte sich noch einmal über ihn und verlöschte den empfangenen Sinneseindruck, so daß er beim Aufstehen alles vergessen hatte. Aber während er später mit der Mutter unter der wildweinumrankten Vorlaube des Landhauses beim Frühstück saß – das Haus lag in einem freundlichen Voralpental und war von der Straße durch einen breiten, heimlich rauschenden Bergbach geschieden –, begann das seltsame, erst fernere und dann näher dringende Singen von neuem und rief ihm das vergessene Erlebnis zurück in die Erinnerung. Was das denn zu bedeuten habe, fragte er die Mutter, und sie antwortete, er möge nur gut zuschauen, was sich auf der Straße drüben etwa begeben werde. Und nun erschienen, um einen Bergvorsprung herum und mit lauter klingendem Gesang, viele, viele Menschen, Männer und Weiber, die Weiber gebeugt unter der Last mächtiger, auf dem Rücken geschleppter Binkel, und an der Spitze des Zuges funkelte im Morgensonnenschein ein metallenes Kreuz auf hoher Stange, und rechts und links von ihm wehten von gleich hohen oder noch höheren Stangen rote, mit goldschimmernden Bildern bestickte Fahnen. Die sahen aber nicht so aus wie jene, die er in der Stadt inmitten marschierender Soldaten zu erblicken gewohnt war, sondern fremd und anders, von der Spitze der Stange an einer beweglichen Querleiste herabhängend. Beinahe ängstlich geworden, fragte er die Mutter ein zweites Mal, was dieser Zug zu bedeuten habe, und jetzt sagte sie, das seien Wallfahrer, fromme Menschen, die schon von weither unterwegs wären und noch lange wandern müßten, bevor sie das Mariazeller Heiligtum erreichten, um dort eine gute Ernte zu erbitten und wohl auch sonst Hilfe für allerlei Nöte des Leibes und der Seele. Solche Auskunft verwirrte den Kleinen und hemmte ihn, nach Kinderart endlose Fragen zu spinnen, und erst nach einer Weile irrenden Schweigens erkundigte er sich, was dieses Heiligtum sei und wo es liege. Es sei eine große Kirche mit einem wundertätigen Bildnis Marias, entgegnete die Mutter, und liege in dem benachbarten Kronland Steiermark, denn dieser erste, zaghafte Schritt in ein neues Leben hinein geschah in den achtziger Jahren des vergangenen Jahrhunderts, als Österreich noch ein mächtiges, unter einer Kaiserkrone vereinigtes Reich war, dessen einzelne Teile darum die Kronländer hießen. Damals hörte der Knabe zum ersten Mal den Namen Steiermark, der ihm von jetzt an immer wieder ins Ohr klingen und nicht mehr in Vergessenheit geraten sollte.

Älter und kräftiger geworden, durfte er mit den Erwachsenen bald die Berge besteigen, die sich zu beiden Seiten des Voralpentales steil hinzogen, und nun streiften seine Augen hinüber ins steirische Land, ein wenig enttäuscht beinahe, weil sie wieder nur Waldberge sahen wie hier in der engsten Heimat, aus denen da und dort die gleichen Felsen aufzackten, und erst in weiter Ferne wurden die Berge höher und zuletzt so hoch, daß kein Baum mehr auf ihnen wuchs, daß nur die drohenden, nackt-bleichen Schrofen zum Himmel ragten. Einmal aber, an einem glasklaren Vorherbsttag, versuchte ein Jäger, der ihn zur Pirsch mitgenommen hatte, ihm ganz weit draußen – ihm schien es am Ende der Welt – den Dachstein zu weisen, den höchsten Gipfel der Steiermark. Er strengte gehorsam die Augen an und glaubte das ferne Wunder auch zu erspähen, doch ebensogut konnte ihn ein am Horizont verdämmernder Wolkenzug täuschen, und der Begleiter selbst schien seiner Sache nicht gewiß zu sein, denn er zeigte und fragte nicht länger und ließ es bei dem einmal Gesagten bewenden.

Und so blieb die Steiermark dem Knaben vorerst ein Land der Bergwälder und Felsgipfel, soweit der Blick in die Runde forschte. Die Landesgrenze aber zu überschreiten, das war ihm noch nicht bestimmt, mochte er auch Jahr um Jahr vom Frühsommer bis zum Herbst in ihrer Nähe weilen, und zu gerne hätte er erfahren, ob es wahr sei, daß jeder bei ihrem Überschreiten mit einem Besen oder einer Rute gestrichen werde, wie er es viel später am Tage der Unschuldigen Kindlein oft erlebte. Doch er wagte die Wallfahrer bei ihrer talauswärts führenden Heimkehr nicht danach zu fragen. Sie trugen dann seltsam lange Wanderstäbe in der Hand, an der Spitze geschmückt mit künstlichgrünem Moos, in das zwei oder drei Edelweißsterne eingefügt waren, gepflückt – oh, schaurig geheimnisvoller Name! – auf dem Toten Weib, und auf der Brust pendelte vielen von ihnen in länglich rundem Rahmen ein Bild der Zeller Kirche mit Maria und dem Kind darüber in den Wolken. Er trat vor der Wallfahrt an den Straßenrand und nahm, wie es ihm gelehrt worden war, den Hut ab. Und zum Dank dafür scholl es ihm, eintönig geleiert, entgegen: „Einen schönen Gruß von der Muttergottes in Mariazell!" Einmal freilich, bevor er noch zur Schule ging und ohne es zu wissen oder gesagt zu bekommen, konnte es geschehen sein, daß er die steirische Grenze überschritt, als die Eltern mit ihm eine Sonntagsfahrt auf den Semmering unternahmen. Aber das Rutenstreichen war wohl nur an der alten Wallfahrtsstraße gebräuchlich, denn hier gab es nichts davon zu sehen oder zu spüren.

Beim Geographieunterricht in der Schule wußte er dann von Anbeginn an ein wenig Bescheid, und er versuchte mit seinen dürftigen Kenntnissen zu prahlen, verstummte jedoch alsbald beschämt, da ein anderes Kind, dessen Eltern sich zu einer Wallfahrt verlobt hatten, Mariazell in Wahrheit kannte und davon zu berichten wußte. Sobald er sich später im Atlas und unter den Landkarten zurechtfand, suchte er das Bild des oft genannten steirischen Landes eifrig auf, und nun stellte er fest, daß seine Form durchaus einem höchst erwünschten Gebäck glich, einem Kipfel, und zwar nicht dem schlanken, mageren Wasserkipfel, sondern dem gedrungenen und begehrten, mit vielen Zuckerkrümeln bestreuten aus Mürbteig. Damals war ja die besonders leckere südlich-untere Spitze vom Ganzen noch nicht weggebrochen. Und in dieser Zeit durchquerte er das Land mit der Bahn zweimal nach Süden auf der Fahrt ans Adriatische Meer und zweimal nach Westen, als er den Vater durchs Gesäuse nach Gastein und ein andermal durchs Murtal in den salzburgischen Lungau begleitete. Noch immer freilich hatte das Land ihn nicht gerufen, und was er durchs Fenster des Wagenabteils erblickte und erlauschte, war wohl schön und verlockend wie manches andere, an dem einen das Leben vorbeitrug, war das Leben anderer, nicht das eigene, und darum nicht wahrhaft erkannt und bald wieder vergessen nach seinem Vorbeigleiten.

Doch noch ein zweiter klingender Gruß aus dem Nachbarland traf ihn hier in dem geliebten Voralpental neben dem Lied der Wallfahrer, ein dumpf dröhnender, beinahe drohender Ton. Das war das stundenlang wiederkehrende schwere Pochen der Sensenhämmer, die allenthalben, von dem scharf fließenden Bach getrieben, an der Voralpenstraße lagen. Man hörte es im Näherwandern schon von weitem, und es hallte einem noch lange nach, wenn man, ein wenig ängstlich, vorbeigegangen war. Ängstlich und doch auch neugierig, und manchmal erhaschte man durch die offene Tür den Anblick des gewaltigen schwarzen Hammers, wie er vor einem höllisch feurigen Hintergrund auf und nieder ging, immerzu auf und nieder, als wollte er auf dem Amboß das harte Herz eines Sünders weich und geschmeidig klopfen. Man hatte wohl gehört, daß hier eine Schmiede betrieben und glühender Stahl zu Sensen gehämmert werde, aber es ließ sich dabei doch auch gut an die Hölle denken und ans Fegefeuer, und in den umherhuschenden Schatten der Schmiedegesellen sich geschäftige Teufel zu denken, erfüllte das Gemüt des Kindes mit heimlichem, immer wieder ersehntem Grauen. Ach, als er dann in Wahrheit in die Steiermark kam und dort lebte, da fand er nicht viele Häuser mehr in dieser Urheimat der Sensen-schmieden, die meisten waren stillgelegt, verfallen, und nur eine vergessene, hoch aufragende Esse mahnte da und dort an vergangenes Werk und nahebei ein behäbi-ges, schloßartig anmutendes Haus mit steilaufschießendem Schindeldach an ver-sunkene Hammerherrenherrlichkeit. Wie schön war es da, daß er die schlummernden Bilder und Klänge aus der Kindheit aufwecken und dann mit ihnen der toten Gegenwart neues Leben spenden konnte. Der Bach neben der Straße rauschte wie eh und je, auch manches stauende Wehr war übriggeblieben und mancher vermo-dernde Fluder, und so fiel es nicht schwer, bei halbgeschlossenen Augen den ge-waltigen Hammer vor dem glühenden Hintergrund fallen und steigen zu sehen und seine dröhnenden Schläge zu hören, als klängen sie seit damals immerfort weiter bis ins stiller gewordene Heute.

Quer durch den nördlichen Teil des steirischen Bogens zieht sich die Rosengrenze hin. Doch ist damit nicht die Rose gemeint, die sorglich gepflegt an hohen Stämmchen, an Büschen und an Hauswänden kletternd blüht und Wohlgeruch veratmet, noch die Heckenrose, die allenthalben an Feldrainen und Waldrändern ihre beschei-dene Schönheit entfaltet, hellrosa im Tal, in dunklerer, leuchtenderer Farbe auf den Berghöhen.
Aber auch für die Alpenrose gilt diese Grenze nicht, denn sie hat sie, wenn auch in unmerklich gewandelter Spielart, längst überschritten und das Urgestein erobert. Nein, von einer anderen Rose ist hier die Rede, die freilich so wenig wie der Alm-rausch eine wirkliche Rose ist.
Und doch haben das Volk und die Dichter, und das Volk und die wahrhaften Dichter sollen ja wohl im gleichen Boden wurzeln, ihr diesen Namen gegeben: der Schnee- oder Christrose. Im Kalk allein gedeiht sie, nördlich der Mürz zuerst im Gebiet der Rax, der Schneealpe, der Hohen Veitsch und des Hochschwab, dann nördlich der Liesing und der Palten bis ins Gesäuse hinauf und zuletzt wieder nördlich der Enns im Reiche des Grimmings und des Dachsteins. Dort überall verkündet sie oft schon zur Weihnachtszeit und oft aus dem Weiß des Schnees in eigener, rosig überhauchter Weiße hervorbrechend, den Sieg des Lebens über den Tod, den Sieg des noch in weiter Ferne verhüllten, kaum geahnten Frühlings über den Winter. „Schön bist du, Kind des Mondes, nicht der Sonne", so hat der Schwabe Mörike sie unvergleichlich gegrüßt, als er sie, aus der Fremde an ein Grab verpflanzt, zum ersten Mal auf einem Kirchhof sah und fand. Aber in gleich

herrliche, fast überirdische Klänge hat dann der Steirer Hugo Wolf diese Worte gefaßt und so erst zu unvergänglichem, kostbarem Geschmeide vollendet.

Man könnte sich versucht fühlen, die Steiermark eine Landschaftssymphonie zu nennen. Und auf den ersten Blick schiene es leicht, dieses schöne Land in vier Sätze zu gliedern, wie eine richtige Symphonie sie haben soll, in ein Allegro, in ein Adagio, ein Scherzo und ein Presto. Die anmutig bewegte Mitte des Landes fügte sich gut in den ersten Satz ein, der tiefe, ergreifende Ernst der Niederen Tauern in den zweiten, das fröhliche Weinland in den dritten, und die scharfen Gefälle der Mur in ihrem Oberlauf, der Enns im Gesäuse – gäbe das nicht am Ende ein Presto oder gar ein Prestissimo? Doch wenn man näher zuschaute, dann stimmte das Bild freilich nicht ganz, dann entdeckte man in jedem einzelnen Satz auch Teile der anderen, und zuletzt müßte man erkennen, daß der freie, ungebundene Schwung und Fluß einer Landschaft sich so wenig wie das Wesen ihrer Menschen in ein starres Bett zwängen, auf eine Formel bringen läßt. Man spricht ja auch nicht nur von der Grünen oder nur von der Ehernen Mark. Beide Namen fordern ihr Recht, sie durchdringen einander und werden eben erst dadurch zu dem, was sie sind, was ihre Trägerin so schön und liebenswert macht. Vielleicht darf man aber gerade darum mit gutem Gewissen sagen, daß kein anderes Gebiet Österreichs eine so unerschöpfliche Vielfalt von Erscheinungen und Reizen in sich einschließt wie gerade dieses Land. Läge der Dachsteingletscher nicht unmittelbar jenseits der Grenze, dann dürfte die Steiermark sich auch mit diesem Krönungsdiadem der Hochalpen die Stirne schmücken. Gleichwohl mag sie darauf verzichten, ohne sich Abbruch zu tun. Der Gipfel des Berges gebührt ihr so gut wie dem nördlichen Nachbarn, oder wie die wiederum auf einer Grenzscheide ruhenden Gipfel des Preber und des Hochgolling dem westlichen. Und was sonst noch an Berghäuptern aufragt in den Niederen Tauern, im Gesäuse oder im wahren steirischen Urberg, dem Hochschwab, das kann für den Mangel an Dreitausendern trösten und den Neid gegen Kärnten, Salzburg und Tirol füglich ersparen. Es ist übergenug, um der Steiermark den Ruhm eines Gebirgslandes zuzuerkennen.

Und daß sie auch ein schier unermeßliches Waldland ist, das braucht keine Stimme künden, das sieht jeder, der offenen Auges nur eines ihrer Haupttäler durchstreift. Dazu braucht er nicht erst in die zahllosen, allüberall abzweigenden Seitengräben einzutauchen und in ihre oft stundenweite Waldeinsamkeit. Größere Seen gibt es allerdings in Kärnten, Salzburg und Oberösterreich, schönere aber als der Altausseer, der Grundl- oder der Leopoldsteinersee werden sich schwerlich entdecken lassen. Und wollte einer gar die vielen, manchmal namenlosen blinkenden Himmelstränen der Niederen Tauern aufzählen, er käme damit nicht so bald ans Ende. Als Flußland wiederum besteht es mit Mur und Enns siegreich die Nebenbuhlerschaft mit dem Tiroler Inn, mit der Kärntnerin Drau, und neben diesen Bergströmen und ihren vielen übermütig sprudelnden Helfern gleiten manche bescheidenere still-friedlich durch Wiesen und Auen gleich der Sulm und der unteren Kainach. So wie der Dachstein mit seinem fast 3000 Meter hohen Gipfel nur ein Grenzberg ist, so hält auch einer der beiden Hauptflüsse der Steiermark, die Enns, sich immer nahe an die nördliche Grenze, ausgenommen das kurze Stück, wo das steirische Salzkammergut, einer geballten Faust ähnlich, ins Oberösterreichische vorstößt. Und doch durchströmt sie von Mandling an, entsprungen im Salzburger Teil der Niederen Tauern und nun Steiermark betretend, bis zu ihrer nördlichen Ab-

48

Klafferkessel. Die Klafferkessel sind eine Hochgebirgslandschaft in den Schladminger Tauern. Charakteristisch für diesen ehemaligen Gletscherboden sind die vielen kleinen Seen, die wie dunkle Smaragde oder tiefblaue Saphire in der Sonne liegen.

The Klafferkessel. Hiddenaway in the Lower Tauern south of Schladming one finds small mountain lakes of the colour of saphires and emeralds. Here the visiting tourist feels as if in a magic dream: No sound penetrates the deep silence, no breeze ruffles the blue-green waters.

Les Klafferkessel. Au sud de Schladming, une chaîne de montagnes renferme de nombreux petits lacs alpestres aux couleurs d'émeraude ou de saphir bleu-foncé. Aucun bruit ne trouble la solitude, aucune brise ne ride la surface des eaux.

Oberwölz. Die auf einem Schotterkegel erbaute Stadt geht auf vorchristliche Besiedlung zurück und hatte ihre Blütezeit im Mittelalter. Drei Stadttore und ein Großteil der Befestigungsmauern sind heute noch erhalten.

Oberwoelz. The town gate. The town which was built on rubble sediments dates back from a pre-christian settlement and had its hey-days in the Middle-Ages. Three town gates and the greatest part of the fortifications have been preserved up to our days.

Oberwoelz. Trois portes conduisent à cette ville qui remonte à une colonisation préchrétienne et qui avait sa prospérité au moyen-âge. Les portes sont conservées, et aussi, en majeure partie, les fortifications.

Bauernhof bei St. Peter am Kammersberg. Die alten Bauernhäuser um die Kirchsiedlung St. Peter am Kammersberg sind noch ebenso erhalten und bewohnt wie zu Urgroßvaters Zeiten. Meist bestehen die Anwesen aus einem „Feuerhaus" für die Bauersleute und einem „Futterhaus", in dem Ställe und Tenne untergebracht sind.

Farm near St. Peter am Kammersberg. The ancient farms around the parish of St. Peter am Kammersberg are still kept and lived in the same manner as in the days of our forefathers. For the greatest part the properties consist of a so called "fire-house" for the peasants and a so called "feed-house" for the cattle.

Une ferme près de St. Pierre au Kammersberg. Les vieilles maisons de paysan autor de St. Pierre au Kammersberg sont encore habitées et maintenues comme aux temps des ancêtres. Ordinairement les propriétés sont composées d'une « maison de feu » pour les paysans et d'une « maison de fourrage » où se trouvent les étables et l'aire.

Holzhacker. Ein steirischer Holzhacker auf dem Weg zur Arbeit. Sein Gesicht ist gegerbt von Sonne und Wind. Axt und Steirerhut sind unentbehrlich.

A wood-cutter. A Styrian wood-cutter on the way to his work. His face is marked by sun and wind; axe and Styrian hat are his indispensible characteristics.

Un bûcheron. La cognée à l'épaule, le chapeau styrien sur la tête, le visage au vent, un bûcheron part pour son travail.

kehr nahe von Hieflau eine der schönsten und großartigsten Landschaften der Mark. Erst mehr ein Bach als ein Fluß, gewinnt sie, verstärkt durch viele Tauernachen zur Rechten und durch die Salza zur Linken, und nachdem sie das vor Jahrhunderten mit seinem Bergbau aufgeblühte und später in den Tagen der Reformationsstürme wieder erschütterte Schladming berührt hat, allmählich an breiter Fülle, und auch ihr Tal dehnt sich zu ansehnlicher und dabei doch nach Süden und nach Norden von hohen Bergzügen geschirmter Breite aus. Im Süden geleiten sie die almenreichen, gleichwohl oft zu gefahrvollen und wagemutige Kletterer lockenden Felsgipfeln angestiegenen Niederen Tauern, ein wahres Herzstück der steirischen Bergwelt. Unzählige kleine Wasserbecken sind über sie verstreut wie vergossene Himmelsträne, ein größeres und das schönste von allen vielleicht der Schwarzensee unterhalb der Hohen Wildstelle am Ende der Kleinen Sölk. Eine tiefe, feierliche Einsamkeit ruht auf diesem Gebirge, wer in ihm wandert, der muß zufrieden sein mit bescheidener Unterkunft. Ein Jäger, ein Holzknecht, ein Viehhalter oder ein wortkarger Bauer, der vom Einschichthof zu seiner Alm und Herd unterwegs ist, mögen ihm nach stundenlangem Alleingang als einzige Begegnung beschieden sein. Aber eben darum hüten die Tauern eine seltene Kostbarkeit des Landes, ein Brauchtum, wie es sich sonst kaum noch in unserer Heimat so unberührt und geheimnisumraunt bewahrt hat aus unvordenklichen Zeiten. In ihren südlichen, gegen das Bett der Mur zu gesenkten Hängen wird von den Bauernburschen noch das Faschingsrennen gelaufen, mit seinen merkwürdigen, meist ins kultische weiße Hemd gehüllten Gestalten, mit dem Wegauskehrer, den Schellfaschingen, dem Schimmel und dem in ein Federkleid vermummten Hühnergreifer: wohl eine altüberlieferte Form des Fruchtbarkeitszaubers, der Winteraustreibung und Frühlingsbegrüßung.

Und später im Jahr hält dann die fünf oder sechs Meter hohe Samsonpuppe, ein Sinnbild des biblischen Helden, ihren Umzug und tanzt ihren feierlich-grotesken Tanz, begleitet von den in napoleonische Tracht gekleideten Prangschützen. Gewiß bietet beides den jungen Menschen Kurzweil, aber nicht nur übermütiger Zeitvertreib soll es sein, nicht nur ein toller Maskenscherz, ein tiefer Sinn birgt sich in diesen Bräuchen, um ihrer selbst willen werden sie geübt und beileibe nicht als berechnendes Schaustück für zugereiste neugierige Fremde.

Den Tauern gegenüber, zur Linken des Flusses also, zackt das Kalkgebirge auf. Am stolzesten und prächtigsten wohl mit dem Grimming, stolzer und prächtiger als die nur gleichsam im Vorbeigleiten dem Reisenden sichtbar werdende, vom Talboden durch die Rampe der schönen Ramsau abgeschirmte Dachsteinsüdwand. Die aus schmalen Waldmantel hochschießende, drohend-abweisende Felsmasse des Grimming begleitet und verfolgt seinen Blick von Öblarn an über Steinach-Irdning hinaus bis Liezen, und leicht begreift es sich, daß die Menschen einst, der strengen Wissenschaft des Vermessens noch weniger kundig, diesen ohne Übergang aus der Talsohle jäh ansteigenden Berg, den höchsten des Landes, den „mons altissimus" nannten. Hart angeschmiegt an seinen Fuß, als Torhüter zu dem nördlich anschließenden Salzkammergut mit dem Altausseer und dem Grundlsee, liegt aber das kleine Dörflein Pürgg, und an seinem Saum wiederum das Sankt-Johannes-Kirchlein mit den gerühmten, wohlerhaltenen romanischen Wandgemälden. Und hier, in diesem Teil des Ennstales, vollzieht sich im Spätfrühling eines der lieblichsten Wunder des Landes. Wenn sich überm Talboden fast schon ein sommerlich blauer Horizont wölbt, wenn auf den Hochalmen der Tauern und in den Schrofen des Grimming sich noch winterlicher Schnee breitet und einschmiegt, dann verdeckt das Grün der den Fluß begleitenden Moorwiesen ein unübersehbarer Teppich schlohweißer Narzissen, da und dort durchwebt von Inseln blaublühender sibirischer Schwertlilien, wie von einem Spiegelbild des darüber ruhenden Himmels.

Ein unvergeßlicher, kaum glaubhafter Anblick, Erinnerungen heraufbeschwörend an Filmstreifen aus dem Feuerland, wo auch vor eisgepanzerten Bergen ein blütenübersäter Zaubergarten prangte.

Der Fluß, einstweilen sanfter geworden, strömt weiter, vorbei an der auf erhöhter Stufe gelagerten Wallfahrtskirche von Frauenberg dem Kloster Admont zu. Im Schutze des Pyhrgas und der halbkreisförmig darum aufgebauten Hallermauern, prächtigen, über 2000 Meter aufragenden Kalkbergen, liegt das alte Benediktinerstift da, alt freilich bloß der Gründung nach, denn in den sechziger Jahren des vergangenen Jahrhunderts hat eine gewaltige Feuersbrunst einen Großteil des Marktes und auch des Klosters vernichtet. Allein das Gebäude der nach Zehntausenden von Bänden und Handschriften zählenden Bibliothek mit den schönen Bildwerken des Holzschnitzers Joseph Thaddäus Stammel konnte der Gier der gefräßigen Flammen entrissen und erhalten werden bis auf den heutigen Tag. Noch immer scheint der Fluß hier sich selbst zu zähmen zu breitem Behagen, aber er scheint es nur, und seine Wasser rüsten schon heimlich zu wilder, ja wildester Fahrt. Wie ein mächtiges, von vorgeschichtlichen Riesen aufgerichtetes Tor drohen ihm von Osten her nacktfelsige Gebirgsmassen, der Buchstein zur Linken, Ödstein, Planspitze und Hochtor zur Rechten, ein Paradies aller leidenschaftlichen Felsgeher. Zwischen ihnen schäumt und brandet das Wasser nun zornig dahin durchs Gesäuse, ein weit über die Grenzen unserer Heimat bekanntes, wahres landschaftliches Prunkstück.

Hat die Enns den Engpaß des Gesäuses einmal durchbraust, dann wendet sie bei Hieflau ihren Lauf nach Norden, der Grenze des Landes entgegen. Aber bevor sie sich endgültig dem oberösterreichischen Nachbarn gesellt, nimmt sie von rechts noch zwei Gewässer auf, die beide durch ihre Herkunft eng verbunden sind mit den bedeutsamsten Wahrzeichen des Landes. Von Eisenerz und vom Erzberg her kommt der Erzbach gesprudelt, von der Schatzkammer der Steiermark, ja wohl der Schatzkammer ganz Österreichs. Ein großartiges, ein atemraubendes Schau- und Hörspiel bietet sich, wenn im Trommelfeuer der Sprengschüsse das erzhaltige Gestein losgerissen wird aus seinem Mutterboden, bevor seine Wanderung über die Wasserscheide des Präbichl beginnt zu den Hochöfen von Donawitz und noch weiter zu allen jenen Stätten, wo seiner die Verarbeitung harrt, zu blutigen Werkzeugen des Krieges oft, doch gottlob trotz seiner Härte ebensooft zu milderen Dingen des Friedens.

Wächst ja im Schoß der Erde neben dem dunklen Eisen auch die zartverästelte, schimmernd weiße Eisenblüte.

Ein Stücklein nördlicher von Hieflau, bei Groß-Reifling, wirft die glasklare, forellen- und äschenreiche Salza sich in die Arme der Enns. In ihrem Oberlauf hat sie sich an dem anderen, an dem nur frommen Frieden geweihten Wahrzeichen der Steiermark vorbeigeschmeichelt, an der dreitürmigen Wallfahrtskirche von Mariazell. Von ihr hörte der traumselige Knabe ja einst, zu ihr sah er tagein, tagaus die Pilgerzüge mit ihren im Sonnenschein funkelnden Metallkreuzen und den im Winde sich segelgleich an hoher Stange blähenden, goldgestickten Purpurfahnen wandern, über die nördliche Grenze, wo sie zum Willkomm wohl mit Ruten gestrichen würden, hinein in das noch ungekannte steirische Nachbarland. Die Zeit solcher in sinnreichster, hingebungsvollster Form erfüllter Pilgerfahrten und Gelöbnisse war einstweilen vergangen, nicht mehr oder nur in seltenen Fällen mühten die Waller sich durch Sonnenbrand, Staub und Regenguß zu Fuß und tagelang ihrem Ziel entgegen; mit mächtigen, knatternden Kraftfahrzeugen oder mit der Bahn kamen sie angefahren, und erst beim Einzug in die Kirche mochten die Kreuze wieder aufblitzen, die mitgeführten Purpurfahnen sich entfalten. Doch dafür gab es nun auch im Winter, wenn die Pilger fernblieben, ein frohes, freilich gar weltliches Treiben an der sonst nur der gläubigen Andacht gewidmeten Stätte, die nicht mehr wie einst in friedlichem Winterschlaf zu versinken brauchte. Da glitten im Umkreis auf allen den verschneiten Hängen und Bergen zu Hunderten, ja wohl zu Tausenden die Schiläufer dahin, in leuchtend-bunte Wolle gekleidet, und von der Schanze herab warfen die kühnen Springer sich mit flügelnden Armen weit in die Luft.

Die zwei wegweisenden Gewässer aber, der Erzbach und die Salza, beide haben sie ihre Quellen im Bereich jenes Berges, der viel eher der steirische Hausberg genannt werden müßte als der grenzgebundene Dachstein, im Bereich des Hochschwab. Mit allen seinen Ästen und Vorbergen, mit allen seinen Felstälern und Hochalmen ruht er, ein gewaltiges, weit hingebreitetes Bergland für sich, im heimatlichen steirischen Boden. Und was das Land zu verschenken hat an bergliebenden Tieren und Pflanzen, wo wäre es in seinem Schutz nicht zu finden: Hier röhrt im herbstlichen Wald und auf schon bereiften Wiesen der Edelhirsch, hier flüchtet die Gemse über schier unwahrnehmbare Felsbänder, hier gellt im Felskar der scharfe Pfiff des Murmeltieres, über den Gipfeln aber mag man in glückhafter Stunde den Steinadler kreisen sehen, das dumpfe „Klong" des Kolkraben erschallen hören.

Hier entfaltet im Winter noch die Schneerose ihr holdes Siegeszeichen über alles Sterben, hier duftet, an unzugänglicher Stelle oft, im Frühjahr die goldgelbe Felsaurikel, der Petergstamm, und hat schon manches junge Leben in den Tod gelockt, hier duftet im Sommer auf samtweicher Matte minder süß das Kohlröschen, und in ganzen Feldern glüht die rote Pracht des Almrauschs dann auf. Und darum mag es wohl auch geschehen sein, daß auf einem Sattel gerade dieses Berges sich der Prinz Johann seine Heimstatt gründete, ein Mann, der sich der Steiermark in treuester Liebe ergab und dem das Land es mit der gleichen Liebe vergalt wie einem anderen, einem eingeborenen Sohn: dem Dichter Peter Rosegger.

Erteilt man lieber dem Hochschwab als dem Dachstein den Ehrentitel eines steirischen Hausberges, obwohl er an Höhe beträchtlich hinter jenem zurücksteht, so möchte man lieber als die immer an der Grenze hinflutende Enns die südlich des Tauernkamms strömende Mur den wahren steirischen Hausfluß nennen. Zwar entspringt auch sie nicht im Lande selbst, sondern gleich der Enns im Salzburgischen, nahe dem Gletscherthron des Hafnerecks, dem ersten Dreitausender im Zug der Hohen Tauern. Aber hat sie einmal bei Predlitz die Grenze überronnen, dann bleibt sie dem Lande treu, dann ergießt sie sich immer tiefer in seine Herzmitte, zunächst von West nach Ost, dann abbiegend bei Bruck nach Süden, bis sie endlich nach doppelt so langem Lauf wie die Enns wiederum an die Grenze stößt, an eine richtige diesmal, nicht nur an eine bundesländische. Aber als könnte sie sich so leichten Herzens nicht von der Heimat trennen, strömt sie noch ein gutes Stück Weges, vorbei am freundlichen Mureck und über das torhütende Radkersburg hinaus diese Grenze entlang, bevor sie sich losreißt von ihr und völlig in die Fremde austritt, noch vor ihrer Vereinigung mit der von Kärnten kommenden Drau. Und wie alle echte Treue bescheiden ist und anspruchslos gegen sich selbst, so stellt sie an die Landschaft, durch die sie sich ergießt, keine so strengen und anmaßenden Anforderungen wie ihre nördliche Verwandte. Ihr mag das Bewußtsein genügen, höher geboren zu sein als jene, in der steirischen Heimat verzichtet sie leichten Sinnes auf allen stolzen Prunk. Keine kühn aufragenden Felsburgen gleich dem Dachstein und Grimming, gleich den trotzigen Gesäusebergen bilden bei ihrem Durchzug durch das Land Spalier, keine Narzissen- und Schwertlilienteppiche werden ihr zu Füßen gebreitet.

Mit steil absinkenden Waldhängen gibt sie sich in ihrem Oberlauf zufrieden, so tief an sie heranreichend, daß sie deren Wurzeln oft mit ihren Wellen zu netzen vermag, und sie ist beglückt, wenn im Ufergebüsch allenthalben im Frühsommer der Flammenkelch der Feuerlilie sie grüßt als heimliches Fanal. Und winkt auch kein Sankt-Johannes-Kirchlein zu ihr herab mit romanischen Wandgemälden, so weiß sie doch um manche gotische Kostbarkeit, sei es in den Kirchen von Sankt Georgen ob Murau und von Murau selbst, oder gar um das vor noch nicht allzu langer Zeit aufgefundene „Jüngste Gericht" in der Kirche von Sankt Ruprecht bei Bruck. Daneben darf sie, öfter vielleicht als die Enns, auch weltliche Zeugen der Vergangenheit im Vorbeigleiten schauen, Schlösser etwa, die noch ungebrochen dastehen und den Menschen dienen, wie das zu Häupten von Murau und südwärts von Bruck der auf kühner Felsklippe lauernde Rabenstein, oder in Trümmern liegende, wie die Reste der geheimnisvollen Höhlenburgen von Lueg und Schallaun bei Teufenbach, die zerbröckelnden Mauern der Frauenburg bei Unzmarkt, Stammsitz einst des gerühmten Minnesängers und Minnefahrers Ulrich von Liechtenstein, oder gegenüber der traulichen, giebelfreien Häuserzeile von Frohnleiten die Ruinen von Pfannberg, im 15. Jahrhundert Wohnstätte des anderen Minnesängers, Hugo von Montfort. Einen Ruhm aber darf die Mur vor der Enns ungeschmälert ihr eigen nennen: nicht nur Graz, die Hauptstadt des Landes, liegt an ihren Ufern, auch die anderen namhafteren städtischen Niederlassungen haben an ihrem Lauf gesiedelt: Judenburg mit seinem kampanileartigen, für sich allein aufsteigenden alten Stadtturm, die Industrieorte Zeltweg und Knittelfeld, Leoben, der Hort steirischer Edelkohle und Mutterstadt der einzigen bergmännischen Hochschule Österreichs, und zuletzt noch, bevor der Fluß seine Bahn ablenkt nach Süden, Bruck mit dem märchenhaft schönen, an venezianische Filigranbauwerke gemahnenden Kornmesserhaus.

Schon einige stärkere Zuflüsse hat die Mur bis hierher aufgenommen: den aus dem Gebiet des Faschingrennens entspringenden Rantenbach bei Murau, ein Stückchen weiter ostwärts und wiederum aus den Niederen Tauern zu Tal eilend den Katschbach, bald danach bringt der Wölzer Bach muntere Grüße von dem altertümlichen, mauerumfriedeten Städtchen Oberwölz, aus der Gegend des Benediktinerstiftes Seckau mit seiner Beuroner Liturgie kommt die Ingering herbei und bei Sankt Michael vom Walder Sattel die Liesing. Hier aber, in Bruck, öffnet sie die Arme für ihre allergeliebteste und stattlichste Schwester, für die im nordöstlichen Winkel der Steiermark aufquellende Mürz. Sie und das von ihr durchflossene Tal, der östlichste Teil jener Rosengrenze, mit den weit hingebreiteten Wiesen und den daraus sanft ansteigenden Waldbergen, sie sind es wohl vor allem, denen das Land das schmückende Beiwort von der Grünen Mark zu danken hat. So unbesiegbar grün erscheint es hier, so immergrün, beinahe auch im heißesten, regenbedürftigsten Som-

St. Lambrecht. In einem abgelegenen Talkessel der steirisch-kärntnerischen Grenzberge befindet sich der höchstgelegene Markt der Steiermark mit seiner im 11. Jhdt. gegründeten und im 17. Jhdt. in italienischer Spätrenaissance neu erbauten Stiftskirche.

Saint Lambrecht. In a lonesome valley at the border to Carinthia you find the highest-situated market-town of Styria which is remarkable for its collegiate church. This church is one of the purest examples of the later Italian Renaissance.

L'église de St. Lambrecht. Dans une vallée isolée, le visiteur curieux trouvera cette église du style de la renaissance le plus pur de toute l'Autriche.

Maria Dorf. Ein typisches obersteirisches Dörfchen mit grünen Wiesen und ausgedehnten Wäldern und der Stille dieses Landes.

The village of Maria Dorf. This small village with its green meadows, its extended woods, and its quiet is typical for Upper Styria.

Maria Dorf. Maria Dorf est un village typique pour la Styrie du nord avec ses prés verts, ses bois étendus et le calme de ce pays paisible.

mer, daß alle darin eingedrungenen Industriewerke ihm nicht ihren rußigen, verwischenden Stempel aufdrücken konnten.

Noch einmal verengt das Tal sich nun, wenn die Mur sich scharf gegen Süden gewendet hat, als wollten die Berge dem Fluß mit ihren Waldhängen zum letzten Mal an die Brust wachsen, bevor sie von ihm scheiden, noch einmal zeigen sie ihm im Rötelstein und bei Peggau mit ihren Felsabstürzen, wie hart und drohend sie sein können, dann aber reißen sie sich endgültig los von ihm und lassen ihn ausströmen ins weite Grazer Becken. Nur einen Gruß senden sie ihm nach bis in die Mitte der Landeshauptstadt, den Schloßberg, an dessen westliche und südliche Flanken die Altstadt sich schutzsuchend anschmiegt. Dieser Berg, dieses mit Uhr- und Glockenturm gekrönte Wahrzeichen der Siedlung, ragt auf gleich einem Altar, an dessen Stufen sich einst die von Feinden und Verfolgern bedrängten Menschen retten konnten, zugleich auch ein Altar, an dem der Norden mit dem Süden Hochzeit oder wenigstens Verlobung feiert, denn hier beginnt ein neuer, ein anderer Teil der steirischen Landschaft.

Ihre feinsten und wärmsten Reize offenbart diese Stadt freilich nicht auf den ersten Blick und nicht dem flüchtigen Gassenstreifer, obwohl das Landhaus mit seinem prächtigen Arkadenhof und das über breitem Treppenaufgang sich erhebende Mausoleum Ferdinands II. höchst würdige und eindrucksvolle Schaustücke altmeisterlicher Baukunst bieten. Doch wer in ihre geheimen Winkel einzudringen weiß, wer sich nicht scheut, durch ein altertümliches Tor, einen düster gewölbten Flur in stille Höfe einzutreten, der wird oft genug mit kaum geahnten, überraschenden Schönheiten gelohnt. Und das Beste von allem vielleicht spart sie dem auf, der sich die Mühe nicht verdrießen läßt, den aus ihrer Mitte hochgetriebenen Schloßberg zu ersteigen. Er gewinnt die Schau nicht nur über die Stadt selbst, über das dunkel braunrot getönte Gewirr von Dächern der Altstadt hin zu den nach allen Seiten ausstrahlenden neueren Bezirken, sondern viel, viel weiter über einen guten Teil des Landes in seiner bezaubernden Vielfalt. Er sieht im Norden und Westen die Gebirge, im Osten das Hügelland und im Süden, durchzogen von dem grausilbrigen Fließband der Mur, die Ebene des Grazer Feldes bis an ihr Ende, dort, wo wieder Hügel zusammentreten und nur für den Fluß und einen mäßig breiten Streifen Landes Raum geben. Das Bild wechselt mit der Jahreszeit, mit dem Licht, aber immer bleibt es reizvoll und eigenartig in der friedlichen Verschmelzung entgegengesetzter Schöpfungen, die das Gleichnis von Verlöbnis und Hochzeit dem Betrachter aufdrängen. Am schönsten vielleicht im Spätfrühling, während Gärten und Umgebung der Stadt im Brautkranz ihrer Blüten prangen und überall die jungen Saaten grün aufleuchten, indes auf den weit ausschwingenden Almen an der westlichen Grenze unter einem südlich blauen Himmel noch Schneefelder einen letzten, nördlich anmutenden Wintergruß herüberhauchen.

Bevor aber die Mur an das Ende des Landes auftrifft und als Trennungsband nach Osten zu an der Grenze hinzögert, nun ein behäbiger und oft zwischen dicht verbuschten Auwäldern strömender Fluß, vollzieht sie noch ein verantwortungsvoll-feierliches Amt: Sie teilt das mittlere Land in die West- und in die Oststeiermark, die beide zusammengehören und doch so verschieden sind, wie es immer und immer wieder zwischen leiblichen Geschwistern geschehen mag. Bis an die Kärntner Grenze rührt die Weststeiermark, und noch einmal verliert sich hier ins Gebirge, noch einmal steigt es in der Koralm oder, wie die Einheimischen sie gern nennen, im Hohen Speik bis über zweitausend Meter an. Ein

St. Marein bei Neumarkt. Der kleine obersteirische Ort beherbergt neben einem romanischen Karner eine der vielen, der österreichischen Schutzpatronin geweihten Kirchen.

St. Marein near Neumarkt. In this small place in Upper-Styria there is a church consecrated to the patron saint Mary as often to be found in Austria.

St. Marein près de Neumarkt. L'église paroissiale de ce petit village est consacrée à la „Grande Mère d'Autriche", comme beaucoup d'églises dans ce pays.

letztes Mal brennt hier im Frühsommer in ganzen Feldern die rote Pracht der Alpenrose auf, Edelhirsch und Gemse werden allenthalben vor dem Wanderer flüchtig, das Schneehuhn flattert über die Hochmatten, und nur eines fehlt den Bergen, eines unterscheidet sie von ihren nördlichen Nachbarn: keine wilden Felsschrofen schießen himmelan wie noch oft in den Niederen Tauern und immer in den Kalkalpen an der Enns. Nur auf den Scheiteln der im Spätsommer mit den Korallen der Preiselbeere bestickten Almböden lasten da und dort haushohe bräunlichgraue Steinblöcke, aber sie sehen nicht aus, als seien sie aus dem Innern des Berges herausgewachsen, sondern so, als hätten Riesenfäuste sie von anderswo hergeschleppt und niedergelegt.

Und das Volk mit seinem untrüglichen Blick und Gefühl bezeichnet sie als Öfen, es spricht vom Bärofen und vom Großofen, eben als seien sie künstlich gefügt worden von übernatürlichen Geschöpfen, die zwischen dem windabwehrenden Gemäuer ihre wärmenden Feuer entfachen oder gar ihre mächtigen Brotlaibe backen wollten. Unterhalb der Almen aber breiten sich endlose Wäldermäntel aus, aus deren Moos- und Schwarzbeergründen der vornehme Herrenpilz seine prallen braunen Köpfe zutage schiebt, und füllen die in den Gebirgszug einschneidenden Gräben und Täler so dicht aus, daß neben den hervorbrechenden Quellbächen kein Raum für einen Pfad bleibt und der in ihnen verirrte Mensch kaum noch herausfindet aus dem völlig ungangbaren Gewirr von Wasser und Stein, von Baum und Strauch. Bis zur halben Höhe der Berge und darüber hinaus tasten spärliche Siedlungen sich vor in eine wahre Weltabgeschiedenheit, ein Kirchlein meist nur neben dem Pfarrhof, ein bescheidenes Schulhaus für die Kinder der im Umkreis verstreuten Bergbauernhöfe, ein oder zwei ebenso bescheidene Gaststätten oder etwa ein Forsthaus wie in Trahütten und Glashütten, wo vor mehr als hundert Jahren Glas geblasen wurde, oder in dem einschichtigen, vor kurzem noch von keiner Straße berührten Wallfahrtsörtlein Osterwitz.

Wenn aber im Auslauf dieser Höhen die Täler sich weiten, gleichwohl noch Täler bleibend zwischen waldigen Hügeln, da dringt die ganze Fruchtbarkeit, der ganze Segen des Landes noch einmal ein in vollen Strömen. Da reift an mannshohen Pflanzen der Kukuruz, das Wälsch- oder Türkenkorn, dessen goldgelbe Kolben im Herbst als schwere Girlanden unter dem schützend vorspringenden, oft noch strohgedeckten Dach vor der dunkelbraunen Holzwand des Hauses oder in der abseits aufgestellten, seltsam schmalen „Harfe" hängen. Da treiben auf den Feldern im Frühsommer die Kürbisse ihre mit großen gelben Blütentrichtern besteckten Ranken und lassen im Herbst daran ihre Früchte zu gelbgrünen Kugeln von manchmal mächtigem Umfang schwellen, aus deren Samen das landesübliche geschätzte Kernöl gewonnen wird; erlesene Apfelsorten färben sich im Laub hochstämmiger Bäume, und an den sonnseitigen Hängen, wie etwa rund um das von den Resten einer alten Burg überragte anmutige, zu beschaulichem Lebensabend verlockende Deutschlandsberg, wachsen und reifen – man denke, am Fuß, an den äußersten Ausläufern zweitausend Meter hoher Gebirge! – nicht unedle Reben. Wahrhaftig, klänge der Vergleich nicht zu billig, zu abgenützt, man dürfte sich versucht fühlen, von einem anderen Garten Eden zu reden. Und wie im Erzberg das Eisen, so wächst hier im westlichen Land, bei Köflach und noch an anderen Stellen, nicht so hold und lieblich wie Alpenrose, Apfel und Traube, aber nützlicher vielleicht, Braunkohle in den Flözen.

In den gegen die Mur hin immer mehr verflachenden Wäldern und da und dort in den breiten Talböden dehnen sich, wohl künstlich geschaffen und doch zu einem fast natürlichen Teil der Landschaft gewandelt, die schönen, spiegelblinkenden Teiche. Schon in dem nördlich von Graz gelegenen, immerhin dem Westen zugekehrten Teil der Steiermark beginnen sie, in den raumreichen Becken nahe dem Zisterzienserstift Rein, eine heitere, anmutig belebende Unterbrechung des Gesamtbildes, am schönsten aber, beinahe wie geheimnisvolle Zauberseen, die Wundschuher Teiche inmitten des sich weithin erstreckenden Kaiserwaldes südlich von Graz. Weiße Seerosen wiegen sich zu Hunderten im späten Frühjahr auf ihrer dunkelgründigen Fläche, die gelbe Schwertlilie umkränzt zur gleichen Zeit ihre verschilften Ränder, Wildenten rauschen von ihnen empor beim Nahen eines Menschen, Rohrhühner tauchen hinab in die Tiefe und kommen erst ein weites Stück von der Stelle ihres Verschwindens entfernt wieder ans Tageslicht, zu manchen Zeiten gleiten vor dem Dahinschreitenden Ringelnattern über den Ufersteig flüchtig in die Flut, um sie, den mit gelben Krönlein gezierten Kopf übers Wasser hebend, in geschmeidig schlängelnder Bewegung zu durchschwimmen bis ans jenseitige Gestade – und alles liegt doch so still versonnen da, so eingebettet zwischen kaum bewegte und nur manchmal leise rauschende Baumwipfel, als habe es seit jeher so dagelegen und sei nicht erst von Menschenwille und Menschenhand geschaffen worden. Ein neues und nicht das schlechteste Kleinod zu den anderen, die diesem überreich gesegneten Landwinkel gespendet wurden. Und wieder ein Stück weiter dem Süden entgegen, hinter dem vom Schloßberg entdeckten Höhenriegel, tut ein neues mächtiges Becken sich auf zu beiden Seiten der Mur, und hier, bei dem Städtchen Leibnitz, unterhalb des stattlichen, mit viel römischen Fundsteinen gemauerten Bischofsschlosses Seggau, und noch weiter südwärts bei Ehrenhausen, das eine Mal im Sausal, das andere Mal gegen die Windischen Bühel hin, hier fängt, mit seinen hölzernen Glockenspielen, den Klapotezen, das wahre steirische Weinland an, hier erlebt die Weststeiermark im Herbst ihre hohe, ihre höchste Zeit, wenn unter frohem Jauchzen, unter dem Knall von Freudenschüssen Butte auf Butte voll von süßgeschwellten Trauben zur Kelter getragen wird.

Zur Linken der Mur, fast ihrem ganzen Lauf nach, von dort angefangen, wo sie bei Bruck nach Süden abbiegt und wiederum bei Ehrenhausen nach Osten, bis an die letzte Grenze breitet die östliche Steiermark sich aus, bescheidener noch an landschaftlicher Großartigkeit als die übrigen Teile des Landes. Im Norden kennt auch sie das Gebirge, sie erreicht im Stuhleck eine Höhe von beinahe 1800 Metern und türmt im Hochlantsch noch einmal beträchtliche Felsschrofen auf, doch schon in Roseggers Waldheimat hüllt sie sich völlig in einen faltenreichen Wäldermantel und sinkt entlang ihrer Hauptgewässer, der Raab und der Feistritz, allmählich ab zum fruchtgesegneten Hügelgelände. Und wieder offenbart sich an ihr die Erkenntnis, daß wahres Verdienst in selbstgenügsamer Zufriedenheit geübt wird, nach außen hin nicht gern mit sichtbaren Zeichen prahlt. Denn gar viel verdankt die Steiermark gerade diesem Teil ihres Bereichs, der von frühesten Vorzeiten her bis in die Gegenwart immer die ersten Stöße der aus dem offenen Osten her eindringenden Feinde auffangen und abschwächen mußte.

Was hat dieser Landstrich allein in den Tagen der bitteren Türkennot zu tragen und zu leisten gehabt, wie haben die Renner und Brenner darin gehaust und wie hat er sich nach allem Grauen und Elend immer wieder erhoben zu neuem Leben und neuer Abwehr! Ein Schmuck aber ward ihm dafür doch verliehen in seinen vielen, heute noch aufragenden Burgen und Schlössern. Und gäbe es von den vielen auch nur eines: die von ihrem aus der Ebene steil anspringenden Basaltkegel drohende Riegersburg – sie wäre gewaltig und Wahrzeichen genug, als Denkmal vergangener trotziger Größe bestaunt und verehrt zu werden. Noch manche andere könnte das Land stolz vorweisen, den Frondsberg etwa und den Herberstein, die heute so dastehen wie eh und je seit den Stunden ihrer Aufrichtung und wohl noch über manche Geschlechter dauern werden, aber es mag nicht prunken mit ihnen und raunt lieber leise von dem Chorherrenstift Vorau mit seinen weit über die Grenze bekannten Handschriftenschätzen, von der Gralskirche auf dem Pöllauberg oder von den genesungsspendenden Quellen zwischen den Gleichenbergen. Im Frühling freilich, wenn die schier unermeßlichen Obstgefilde von Blüten überschäumen, da legt auch die Oststeiermark ein Prunkkleid an, und noch einmal im Herbst, wenn auf den zum zweiten Mal bestellten Feldern der Heiden, der Buchweizen, mit weißlichrosa Schleiern die suchenden Bienen zu sich heranwinkt. Und haben Frost und Hagel die Blüten und die Keime geschont, hat die Sonne gehegt und geschmeichelt, anstatt zu dörren und zu versengen, hat der Regen genährt, anstatt zu ertränken und Segen in Fäulnis zu verwandeln, dann versorgt diese bäuerliche, diese mütterliche Frau nicht nur die eigenen Kinder im Überfluß, dann schickt sie davon aus in langen, schwer beladenen Zügen übers ganze Land und wohl bis zu den Nachbarn, und so wie vom Erzberg das steirische Eisen, so erobert von hier aus der köstliche steirische Apfel im Frieden die Welt. Und wenn sie es selbst nicht der Mühe wert findet, davon zu reden, so dürfen doch wir es nicht verschweigen, wie wir ja auch von der Christrose jenseits der Rosengrenze gesprochen haben, vom Almrausch, vom Petergstamm und dem Kohlröschen der Hochberge, vom Narzissenschnee des Ennstals. Darum grüßen wir zuletzt den lieblichen Lenzkünder Hundzahn im mittleren Lande und die seltsam schöne, noch auf winterlich braunen Wiesen der Oststeiermark erblühende Schachlilie. Denn sie gehören zum Ganzen dazu, und Duft und Farbe seiner Blumen, seiner zartesten und bescheidensten Kindlein, dürfen dem Lande nicht fehlen. Ihre Schönheit ohne Nutzen, Schönheit um ihrer selbst willen, gleich dem herrlichen Flugspiel der blaugrün schimmernden Mandelkrähe über den östlichen Niederungen, sie gewährleisten erst gesättigten, über die Notdurft des Alltags hinauswachsenden Reichtum.

Noch einmal, aus fernstem Kindertraum herüber, klingt leise und heimlich das Lied der frommen Zeller Pilger, noch einmal mengt sich dazwischen, ein wenig beängstigend beinahe, der Schlag des schwarzen Sensenhammers, das Dröhnen der erzsprengenden Schüsse und fügt sich mit dem Brausen der Wildbäche und dem Rauschen der Bergwälder, mit dem Klappern der Windräder im Weingarten und dem Jauchzen der lesenden Winzer ein in das Lied von der Ehernen, der Grünen Mark.

Franz Nabl

Blick von St. Anna auf den Zirbitzkogel. Eine der schönsten Gegenden der „grünen" Steiermark ist die Landschaft um den Zirbitzkogel, der seinen Namen von den Zirbelkiefern seiner Osthänge herleitet.

View from St. Anna to the Zirbitzkogel. One of the most beautiful regions of "green" Styria is the landscape around the mountain Zirbitzkogel (mountain of cembra pines), which is named after its cembra pines.

Le Zirbitzkogel vu de St. Anne. Le paysage le plus «vert» de la «Styrie verte», c'est la région autour du Zirbitzkogel, dont le nom dérive de nombreux pins cembres qui couvrent ses flancs.

Das Seckauer Mausoleum, von de Verda 1587 – 1612 erbaut und von Sebastian Carlone ausgestaltet. Es ist das bedeutendste Kunstwerk des Frühbarock in Österreich und Grabstätte der Gegenreformatoren Karl II. und Bischof Martin Brenner.

The mausoleum of Seckau was built by de Verda and Sebastian Carlone between 1587 and 1612 under the reign of Charles II and is the most precious annex to the cathedral.

Le mausolée de Seckau. Le tombeau de Charles II, construit aux 16e et 17e siècle par de Verda et Seb. Carlone est un des plus importants monuments d'art du baroque primaire Charles II était l'âme de la réaction catholique au 16e siècle.

Kleiner Berg ganz groß

Es klingt paradox, wenn ein Berg oder eine ganze Reihe von Bergen „Niederung" genannt werden. Nun, diesen Namen gibt es auch nur im Volksmund, auf den Landkarten heißt die Senke zwischen dem Traidersberg (987 m) und dem Sonnberg (929 m) Niedering, womit eben ein Einschnitt bezeichnet werden sollte. Neben den schon genannten Erhebungen sind es noch fünf andere, benannte und unbenannte, die das Hochland der Niederung gebildet haben: der Galgenberg (789 m), der Punkt „An Kogel" (779 m), der Aichberg, die Kote (977 m) und der Schafberg (919 m). Dieses fast quadratisch umrissene Stückchen Bergwelt ist deutlich umgrenzt: von der Liesing, der Mur, dem Vordernberger Bach und dem Veitscher Graben, in dem seit kurzem der Trabocher Stausee aufgestaut wurde. Organisch gesehen, müßte man auch noch die anschließenden Kogel und Waldhöhen, den Tannkogel (922 m), den Veitscher Wald (849 m) und den Reitererwald (958 m) sowie den Hessenberg (741 m) dazurechnen. Man kann sagen, daß die Niederung der kleine Hausberg der Leobner ist, der große Hausberg ist ja die gegenüberliegende Mugel, ein vielbesuchtes Ziel für die große Sonntagswanderung, so wie die Niederung für die kleine Wochenendwanderung gut ist.

Die Niederung ist sehr gut markiert, es gibt auch zwei Gasthäuser „droben" und mehrere öffentliche Bergstraßen. Man kann eine Wanderung auf die Niederung mit manch anderer lohnenden Beschäftigung verbinden, z. B. mit einem Bad im Trabocher Stausee oder mit einer „Kunstwanderung" oder „Kunstfahrt" rund um den Berg, die in dieser Gegend besonders ergiebig sein wird: können wir doch im Bereich der Niederung Leoben, St. Michael, Traboch, Seiz und Kammern, Trofaiach, St. Peter-Freienstein und Donawitz mit bedeutenden Bauwerken und Kunstschätzen besichtigen! Zu diesem Zweck wird es günstig sein, trotz der Kleinheit der Tour mindestens eineinhalb Tage dafür freizuhalten.

Leoben, Sitz der weltbekannten Montanistischen Hochschule und einer Berg- und Hüttenschule, ist die zweitgrößte Stadt der Steiermark. Ein bekanntes und beliebtes Freibad mit temperiertem Wasser und die vielgerühmte „Gösser Milch" aus der nahen Bierbrauerei Göß sorgen u. a. dafür, daß man sich als Gast in Leoben wohlfühlen kann. Die Bezirkshauptstadt hat ihren mittelalterlichen Stadtkern mit Mauern und Türmen gut zu bewahren gewußt, ihr Wahrzeichen ist der Schwammerlturm an einer ehemaligen Mautstelle. Drei Kirchen (die Stadtpfarr-, die Jakobikirche und die Kirche Maria Waasen), aber auch mancher guterhaltene Profanbau mit Arkadenhof sind für den Stadtbummler sehenswert. In der früheren landesfürstlichen Burg ist ein Heimatmuseum eingerichtet. Leoben, die tausendjährige Stadt, hatte größte Bedeutung als Warenumschlagplatz an der alten Eisenstraße. Ein Eisenprivileg legte den Grund zu großer Wohlhabenheit, die immer wieder durch die mittelalterlichen Landplagen – Türkenbelagerung und Pest, Feuersnot und Heuschreckeneinfall – gestört wurde. Zuletzt kamen gar die Franzosen unter Bonaparte. 1797 wurde der „Friede von Leoben" geschlossen, mit dem die kleine steirische Stadt sogar in die große Weltgeschichte einging. Und 1809 wurde sogar in der Nähe, bei St. Michael ob Leoben, eine entscheidende Schlacht gegen die

Franzosen geschlagen – und verloren. Nach zehnstündigem Gefecht wurden die Österreicher mit den Befehlshabern Jellacic und Esterhazy von General Beauharnais nach Leoben zurückgeworfen. Rührend sind die Berichte, die man über das Verhalten der Zivilbevölkerung hört – die Bewohner von St. Michael versorgten und pflegten alle Verwundeten, Freund wie Feind, in aufopfernder Weise.

Auch das nahe Göß ist eine der ältesten Ansiedlungen der Steiermark. Dort wurde um 1000 n. Chr. das erste steirische Kloster, ein Benediktinerinnen-Nonnenstift, gegründet. Die Gösser Stiftskirche hat besondere kunstgeschichtliche Bedeutung. Sie hat frühromanische Einzelheiten; das Langhaus gilt als das wichtigste Werk der Spätgotik und die Bischofskapelle als der älteste frühgotische Bau im Steirischen. Gut erhalten ist auch noch die Gösser Ringmauer mit mehreren Türmen.

Donawitz, die Schwesterstadt von Leoben, das Zentrum der steirischen Eisenindustrie, ist eine zweckbestimmte Industriestadt und hat daher keine mittelalterlichen Bauten mehr. Im Werksgelände der Österreichischen Alpine Montangesellschaft ist noch der eine oder andere alte Eisenhammer übriggeblieben. Sehr interessant aber ist die neuzeitliche Pfarrkirche, 1954 fertiggestellt, mit ihrem 50 m hohen Turm. Es galt damals als vielbesprochenes Experiment, daß die beiden Architekten Karl Lebwohl, Graz, und Dipl.-Ing. Kurt Weber-Mzell die Kirche um ein Stahlgerüst bauen ließen, welches die Firma Waagner-Biro AG in Graz lieferte. Im Dehio-Handbuch Steiermark ist diesem modernen Kirchenbau, der sich gut in das Donawitzer Industriegelände einfügt, eine Dreiviertelseite gewidmet. Die Beschreibung schließt mit den Worten: „Die Hauptformen von Ellipse und Parabel, die sich in Spannung halten, erwecken die Illusion einer geschlossenen Tonne, die sich im Chor unräumlich auflöst; die Gegensätze von Stahl und Glas werden durch die im Chor zentralisierte Lichtwirkung aufgehoben. Im ganzen ein bedeutender Versuch, neue Formen des Sakralbaues zu finden." Beim Abstieg von der Niederung nach Leoben sehen wir unmittelbar auf die Kirche hinab und können sie mit wenig Zeitaufwand besuchen.

St. Peter-Freienstein liegt an der Straße von Donawitz nach Trofaiach; eine der Varianten des Niederungweges beginnt (oder endet) in St. Peter. Das nette Dorf hat gleich zwei Kirchen, beide sind sehenswert; die Marienwallfahrtskirche auf hochragendem Felsen ist aber auffälliger. Sie wurde im 17. Jh. an Stelle der mittelalterlichen Burg Freyenstein errichtet, von welcher noch das Torgebäude und ein mächtiger Turm erhalten sind.

Trofaiach hat eine besonders abwechslungsreiche Umgebung. Vom Hügelland der Niederung über Voralpenberge in geheimnisvollen Jagdrevieren, wie den Thalerkogel, schwingt sich das Bergland ins Alpine, ja fast Hochalpine auf: die zackige Bergermauer leitet hinüber zum Eisenerzer Reichenstein, einem frei stehenden Bergklotz. Auch der leichteste Pfad auf diesen Bergen verlangt schon Schwindelfreiheit, und rundherum ist Klettergelände. Der elegante Felsturm des Rauchkoppen im Gößgraben ist einer der interessantesten Kletterberge der Steiermark mit kurzen Führen aller Schwierigkeitsgrade in zumeist festem Fels. Gegenüber erhebt sich der düstere Riesenbau des Reitingmassivs, das mit beachtlichen Wänden und finsteren Schluchten zum Gößgraben absetzt. Nach Süden hin, zur Niederung, zeigt sich der Reiting weitaus freundlicher mit steilen, aber grünen Bergwiesen und dichten Wäldern.

Die Dreifaltigkeitskirche in Trofaiach ist eine spätgotische Hallenkirche, deren

Besuch man nicht versäumen sollte. Das Haus Trofaiach Nr. 61 zeigt einen Laubenhof aus dem 16. Jh.; am Rathaus befindet sich eine spätgotische Statue des hl. Florian. Die Schlösser Stibichhofen, Oberdorf, Möll und der Schloßbauer in Treffning haben Trofaiach den Ehrennamen „Schlössermarkt" eingetragen. Schloß Stibichhofen gehörte um 1680 einem berühmten Steirer: dem „Pestarzt" Johann Adam von Lebenwaldt, einem sehr vielseitigen Mann, der uns u. a. eine der frühesten Beschreibungen einer Bergtour geliefert hat. Doch war er, wie eben zu seiner Zeit üblich, noch kein Bergsteiger im heutigen Sinne und unternahm die Hochschwabwanderung nur der Botanik wegen. Sein ortsansässiger junger Führer zeigte überhaupt kein Interesse für die Berge und machte, daß er schleunigst wieder heimkam; beide Einstellungen sind typisch für die Zeit von damals.

Trofaiach bietet dem Wanderer außer guten Gasthöfen auch noch eine „alpine" Unterkunft eigener Art: die ÖAV-Sektion Trofaiach hat in Trofaiach kleine, vermietbare Sommerhäuschen erbaut, die als nette Touristenherberge und guter Stützpunkt dienen können. Auskünfte erteilt die Initiatorin dieser Alpenvereinsherberge, Frau Grete Klinger, Trofaiach; schriftliche Anmeldung empfehlenswert.

In Kammern ist eine spätgotische Kirche mit romanischen Elementen der Beachtung wert; in 1000 m Seehöhe, am Fuß des Reitings, liegen die noch teilweise erhaltene Ruine Kammerstein und die bis auf den Bergfried zerstörte Stammfeste der Ehrenfelser, Burgruine Ehrenfels. Besonders Kammerstein war ein mächtiges Bauwerk mit Vorburg und Hauptburg.

Seiz, ein kleiner Weiler im Liesingtal, kann auf eine gotische St.-Ulrichs-Kirche mit romanischer Sakristei hinweisen. In der Nähe, zwischen der Häusergruppe Liesing und Traboch-Timmersdorf, befindet sich der Flugplatz Leoben-Timmersdorf. Traboch hat durch den Flugplatz, aber auch den nahen Trabocher See in den letzten Jahren an Bedeutung gewonnen. In der Nikolauskirche fällt ein besonders schöner Altaraufsatz aus Göß (1654) auf.

St. Michael in der Obersteiermark ist ein bedeutender Bahn- und auch Straßenknotenpunkt. Hier zweigen Bahn und Straße ins Liesing- und Paltental von der Kärntner Strecke ab, und bald wird die Pyhrnautobahn von St. Michael aus durch den jetzt noch stillen und unbekannten Lainsachgraben geführt werden. St. Michael war und ist immer Durchzugsort gewesen; das ist schade. Denn es hat eine so hübsche Gebirgsaussicht – den Durchfahrenden ist der verblüffende Anblick des Reiting- und Reichensteinmassivs bekannt! –, und es wäre ein so guter, zentraler Ausgangsort für ungemein lohnende Wanderungen in die Niederen Tauern, zum Gleinalpenzug, aber auch in die schon genannten Trofaiacher Berge. Von den beiden Kirchen ist besonders das kleine Walpurgiskirchlein erwähnenswert. Die Schilderung seiner Kunstschätze und baulichen Eigentümlichkeiten nimmt im Dehio eine halbe Seite ein, die Glasgemälde aus dem 13. Jh. sind sogar mit dem Sternchen für Objekte von besonderer Bedeutung versehen. Fünf dieser frühgotischen Glasgemälde sind im 19. Jh. dem Germanischen Museum in Nürnberg übergeben worden. Das Kirchlein, welches neben der Gösser Bischofskapelle und der Leechkirche in Graz das früheste Werk der steirischen Gotik sein soll, weist neben vielen anderen bewundernswerten Details auch gotische Fresken auf. Es wird nachts mit Scheinwerfern beleuchtet.   Liselotte Buchenauer

Was die Quellen erzählen

Freiheitsbrief Kaiser Friedrichs II. (1237)

Friedrich II. von Gottes Gnaden römischer Kaiser, König von Jerusalem und Sizilien
Weil die steirischen Ministerialen und Ritter uns baten, sie in unsere und des
Reiches Botmäßigkeit zu übernehmen, zu behalten und sie niemand anderem zu
übergeben, und ihre von den Herzogen Otakar und Lupold verliehenen Rechte zu
bestätigen, so nehmen wir sie und alle anderen getreuen Steirer, die das Joch
der Gewalt und des Unrechtes abgeschüttelt haben, das auch unsere Majestät und
die des Reiches sehr beleidigte, in unseren und des Reiches Schutz, daher sie nur
uns und unseren Nachfolgern, Kaisern und Königen angehören sollen. Wenn sie
aber uns um einen Fürsten bitten sollten, so wollen wir sie nicht einem Herzog
von Österreich übergeben, wie es bisher üblich war, sondern wir werden das
Herzogtum Steier einem besonderen Fürsten anvertrauen. Wir bestätigen ferner
alle verbrieften Freiheiten, welche einst die Herzöge Otokar und Lupold ihnen
bestätigt hatten ... Wir heben ferner die rechtswidrige Gewohnheit der Herzöge
auf, die Töchter und Söhne der Ministerialien zu Ehen zu zwingen; künftig dürfen
diese sie verheiraten, wie sie wollen ...

Die bäuerlichen Untertanen der Ministerialen und Ritter, die in die Städte und
Märkte gezogen sind, um frei zu werden, müssen ihren Herren mit all ihrem
Besitze unverzüglich zurückgestellt werden. Die Mautsätze, die unbillig erhöht
worden sind, müssen auf den Stand zur Zeit Herzog Lupolds herabgesetzt werden.
Die Münze, die zum Nachteile aller Steirer alljährlich aus Habsucht erneut wurde,
darf nur nach dem Rate der großen Ministerialen erneuert werden und muß fünf
Jahre bleiben ... Zeugen sind die Erzbischöfe Siegfried von Mainz und Eberhard
von Salzburg ... Herzog Otto von Bayern, Landgraf Heinrich von Thüringen,
Herzog Bernhard von Kärnten usw. Beschehen im Jahre des Heiles 1237, April bei
Enns.

Die Wanderheuschrecken (1338)

Im selben Jahre ergoß sich aus dem Orient eine Menge Heuschrecken und breitete
sich im Juli und August über Polen, Böhmen, Mähren, Ungarn, Österreich,
Steiermark, Kärnten, Krain, Baiern und die Lombardei bis an die Ufer des Rheins aus
alles, was aus dem Erdboden hervorgewachsen war, mit wütendem Zahne weg-
fressend. Wunderbar zu sagen: Sie fuhren durch die Luft in geordneten Reihen wie
Kriegerscharen und schlugen auf der Erde ordentliche Standlager auf. Stets flogen die
Heerführer eine Tagereise voraus, als wollten sie einen passenden Ort zur Nieder-
lassung ihrer ungeheuren Menge aufsuchen. Um die neunte Stunde, sobald die
Führer angekommen waren, ließ sich das Wolkenheer nieder und blieb bis zum
Sonnenaufgang, wenn die warmen Strahlen die mit Feuchtigkeit und Tau be-
schwerten Leiber erleichtert hatten. Dann bewegten sich die Tiere rottenweise vor-
wärts, man konnte bei ihnen eine förmliche Soldatenzucht sehen. Sie fraßen alle

Fresko in der St.-Ulrichs-Kirche in Utsch. Dieses Detail einer Kreuzigungs-gruppe nimmt in der steirischen Fresko-kunst des weichen Stiles eine wichtige Stellung ein. Es wird um 1400 datiert.

A fresco in the church of St. Ulrich in Utsch. This detail of a crucifixion-group is an important example of the soft style within the Styrian fresco-art. It is being dated from about 1400.

Le fresque dans l'église de St. Ulrich à Utsch. Ce détail d'un crucifiement occupe une place très importante dans la peinture de fresques styriennes. Il date de 1400.

Die Bärnschützklamm. Zu Füßen des Hochlantsch führt ein kühn angelegter Steig von 1200 m Länge durch die 355 m lange Felsenklamm mit 24 Wasserfällen des Mixnitz-Baches.

The ravine Baernschuetzklamm. At the foot of the Hochlantsch a risky narrow path of 1200 m length leads through the 355 m long canyon with its 24 cascades of the Mixnitz torrent.

La vallée étroite de la «Baernschuetz-klamm». Un chemin étroit d'une longueur de 1200 m mène à travers une gorge où se trouvent 24 cascades. C'est le ruisseau de Mixnitz qui traverse le ravin.

noch stehenden Saaten, Gras, Hirse u. a. bis auf den letzten Stumpf ab. Sie besaßen vier Flügel und ihre Leibesrüstung glich leuchtenden Edelsteinen, wie dergleichen in Frauenkleider eingewebt werden. Ihre Brut ließen sie im Rasen und in Erdfrüchten zurück. Sie selbst flogen ab, als sie die Herbstkälte spürten. Das erschrockene Volk streckte die Hände zum Himmel, Litaneien und Bittgebete an ihn richtend.

Aus dem „Buche sicherer Geschichten" des Abtes Johann von Viktring

Die Pest (1348)

Dann drang (von Venedig her) die Pest in Kärnten und Steiermark ein, so ungestüm, daß die Menschen verzweifelten und wie sinnlos dahergingen. Kein Weiser konnte erforschen, ob dieses todbringende Jahr durch einen Irrgang der Planeten oder durch ungünstige Luft beeinflußt wurde, sie schrieben es dem Willen Gottes zu. Daher begann eine allgemeine Buße, auf daß Gott die Menschheit barmherzig anblicken möge. Die Männer schritten wie in einer Prozession paarweis, nackt, nur um die Mitte ein weißes Tuch, sie besuchten Kirchen, sangen in ihrer heimischen Sprache Passionslieder und schlugen sich mit geknoteten Geißeln so lange, bis das Blut herausspritzte. Die Frauen taten dies in geschlossenen Bethäusern zur Abendzeit.

Mönche und Priester zogen mit Reliquien und Bittgebeten in den Kirchen umher. Dieses währte von St. Michael (29. September) bis Ostern (12. April). Als aber keine Hilfe kam, als im Gegenteil das Elend, wie es seit Anfang der Welt kein ähnliches gegeben hatte, noch täglich wuchs und kein Fleiß der Ärzte nützte, da tat das Volk nichts mehr und vertraute sich allein Gott an.

Die Zeichen der Pest waren rote Geschwüre mit verschiedenen Flecken am Unterleib und unter den Achseln, die hoffnungslos Erkrankten brachen Blut. Von den Kranken ging ein Pestgestank aus und fiel die Besucher und Pfleger an. Wenn einer in einem Haus starb, dann verloren häufig alle nacheinander das Leben. Das Vieh schweifte auf den Feldern ohne Hirt herum, und die reißenden Wölfe, die zuerst anfallen wollten, wandten sich gegen ihre Gewohnheit zur Flucht.

Die bewegliche und unbewegliche Habe der Kranken wurde von allen sorgsam gemieden, als ob sie selbst angesteckt wäre. Die Sterblichkeit war zur Zeit des Neumondes am größten. Um Martini (11. November) kam die Pest in den Neuberger Bezirk und raffte mehrere Mönche und Bauern weg. Als das Elend die Menschen so hart anfiel, gaben Vernünftige den Rat, sich gegenseitig zu trösten und zu erfreuen, damit nicht die große Traurigkeit allein schon töte. Daher wurden überall Gastmähler und Hochzeiten gehalten, damit die Trauernden nicht verzweifelten.

Aus den Annalen des Klosters Neuberg an der Mürz

Heuschrecken, Türken, Ungarn, Sterben und Mißwachs (1478–1490)

Do man zält nach Christi Gepurdt 1478 an dem 18. Augusti, do kamen übermessig hergeflogen eine übergroße Menig der Haberschreckh und umflogen die gantze Gegend, allenthalben so dick, als wann es sneibt, also daß man die Himl nit wol mocht sehen. Dieselben Haberschreckhn waren so groß als die Maysen

Frohnleiten. Auf hochgelegener Flußterrasse am rechten Ufer der Mur in ihrem mittelsteirischen Durchbruchstal liegt der nach 1278 burgartig angelegte Straßenmarkt Frohnleiten, dessen alte Bürgerhäuser am Kai noch gut erhalten sind.

Frohnleiten. The quay. The citadell-like market-town of Frohnleiten lying at the right border of the River Mur dates back to the Middle-Ages. Its picturesque houses are marvellously preserved.

Frohnleiten. Le quai. Une petite ville sur les rives de la Mur où les maisons bourgeoises au bord du fleuve sont maintenues et habitées encore de nos jours.

Schloß Rabenstein. Südlich von Frohnleiten, hoch über der Mur, liegt das im 12. Jhdt. erbaute und im 17. Jhdt. vergrößerte Schloß, in dem jeden Sommer stimmungsvolle Serenaden aufgeführt werden.

Rabenstein on the River Mur. South of Frohnleiten on a rock above the river there rises the castle Rabenstein which was built during the 12th century and enlarged during the 17th century. On mild summer evenings it is the scene for impressive serenades.

Le château «Rabenstein». Ce château romantique est situé au sud de Frohnleiten sur un rocher. Des sérénades champêtres y ont lieu les soirs d'été.

oder Zeusel und verzerrten an manigen Endten das Traid mitsambt den Wurtzn aus dem Erdreich. Irer warn auch an menigen Endtn so vill, daß sie michl (große) Haselstaudn und Pirgkn niderritten und meniger darinn gieng bis an das Enckl als in einen Snee. Aber wiewol irer hie vill uberflugen, so tettn si uns kain Schaden, weil wir die vertribn mit Leuttung der Glogken und Puxnschussen, damit si sich nit niderlegten. Darnach in dem 80. Jar an sand Affratag (7. August) do kamen die verfluchten hundischen Machnetischen Turgken haimlich verstollen in unser Land und Gegend und verbusten mit Raub, Prandt und in irere Graussamkait niemandt schonendt, verprennten die Gotzheuser Pöls, Allerheiligen, Schönberg, Sankt Peter in der Gall, Buch, Obdach, Weißkirchen, Sankt Andrä, St. Maximilian, Feistritz, Kraubat, St. Michael, Traboch, Mautern und ander Gotzheuser vil mer und das Volkh mitsambt den Guttern verprennt, das Sacrament Gotzleichnam auch verprennt und ausgeschütt, die Altar aufgeprochen und das Heiltumb herausgeworffen und mit Fueßen darauff trettn, dopei die Priester verprennt, trennkht, ermordt und ettlich jämerlich weggefurt. Auch Weib und Man an ettlichen Enndten mit aller irn Hausvolkh an Ketten gepunden und verfurt, die Kindlpettern mitsambt dem Kinden aus dem Petten genommen und verfurt. Und die Turgkn haben von den Fraun die Kinder genommen und getött und über die Zeun ausgeworfen, manige Schar schöner Junkhfraun in sware Fangknus gefürt, die unschuldigen Kindlein in die Segkh gefaßt und mit den Haupetern durch die Löcher daraus lugten, klagund und wainund. Was starckh was, das furttn si mit inen, was plöd was, das köpftens und trenktens. Es halff kein Waynen noch Pitten.

Es was auch niemand sicher in Pergen noch Tellern noch auf den Albm. Es lag auch allenthalbn vil trotz Viech, villtoter Menschn, so daß nit Leut warn, di si begruben, daß si di Hundt und Wolf verzerrttn und darnach in den Albm undter den Zeun begraben, ettlich in die Prunn geworffen und zuegeschutt. Und ward solcher Gestannckh, daß di übrign Menschn kaum bleiben möchtn.

Es kamen auch slechte Jar hernach in mannigerlei Trübsal, wenn von dem Geschray, Erschreckhung und Gestannckh starb vil Volkhs, daß ettlich Heuser, die peliben warden, ganntz ödd warden. Es ward auch Teurung und Hunger, wann das Trayd geriedt nicht und was geriet, das erslug järlich das Wetter, so daß meniger Hauswirt in vier Wochen in sein Haus kain Prot het. Desgleichen gerietten auch die Wein nicht, si erfrurn, das Wetter erslugs, si wardn saur und teur.

Es was auch in langer Zeit, es was auch in gueter Zeit kain Frid nit, wen die Ungrischen waren mechtig im Land und heten manig Besetzung als Friesach, Althofen, Neumarkt, Murau, Stein, Fohnsdorf, Eppenstein, Twimberg, Voitsberg, Landsberg, Leibnitz und andre vil mer, damit si das Land und die Gegent verderbtn mit Raub, Prannt, Vanknus und swere Schatzung, groß Steur und menig andre Beswarung.

Bericht eines Seckauer Chorherrn

Spätherbst

Das ist die hohe Zeit in Steier,
wenn hell im Blau die Windmühl schnarrt
und hinterm roten Rebenschleier
die Spindel unterm Preßbaum knarrt.
Ums Haselholz die Meisen jagen,
vom hohen Anger äugt das Reh,
und drüber hin die Almen tragen
heut über Nacht den ersten Schnee.

Des Goldes hat der Tag kein Ende,
das rings auf Frucht und Zweigen glüht,
es werden hundert braune Hände
der Arbeit und der Lust nicht müd.
Dem Auge sind die fernsten Grenzen
ein Wanderfalkenflügelschlag,
wenn sie mit leiser Sehnsucht kränzen
den stillbesonnten Erntetag.

Dann ist's ein warmes Sonnenleuchten,
das spät noch hoch am Berge geht,
wenn nach dem Tal, dem nebelfeuchten,
das Dunkel aus dem Walde späht.
Ein rotes Feuer brennt im Grunde,
Rebhühner rufen sich zur Ruh,
und überm Wald zur Märchenstunde
kommt hoch der Mond im Silberschuh.

Und meines Lebens schwerste Stunden,
all meiner Tage leise Pracht,
sie haben sich zur Ruh gefunden
im spiegelklaren See der Nacht.
Mit leisen Schritten kehrt die Seele
durchs müde Land zum Heimathaus
und löscht, daß sie kein Glanz mehr quäle,
still aller Sehnsucht Lichter aus.

Hans Kloepfer

Elegie vom Rosenberg

Ist nicht der Sommer schon lange vergangen?
Ist noch die Jungfrau des Mondes Regent?
Schmiegender Grüne, flüsternd umfangen,
schatten die Bäume, und Sonne brennt
rot auf die Äpfel und braun auf die Wangen.

Freilich, als blaue und goldgelbe Rüschen
hängen schon Trauben in Fenstern am Draht,
und auf der Wiesen schimmernden Plüschen
weiden die Herden, vorbei ist die Mahd,
und die Beerenfrucht glänzt aus Gebüschen.

Ja, es ist Herbst und der Sommer nur Wähnen
törichten Wünschens, das gern sich belügt!
Aber schon morgen fällt es wie Tränen,
ach, eine einzige Reifnacht genügt,
daß sich die Blätter zur Erde sehnen.

Doch nur das Menschenherz spürt dann die Narben,
schaudernd vor Winters eisiger Ruh,
aber tobend in lodernden Farben
jubelt die Erde dem Tode zu,
und der Wald steht in Feuergarben ...

Wundergebiete hab ich betreten,
sah die erlauchtesten Orte der Welt:
Blumenwirrnis im Land der Asketen
und das gewendete Sternengezelt
über den Palmen des Propheten.

Aber nirgends bewältigte Rührung
Sinne und Seele dem staunenden Gast,
nirgends verlockte Duftes Verführung
seine Glieder zu erdnaher Rast,
denn ihn schauderte die Berührung.

Aber hier auf verschlungenen Pfaden,
die zwischen Hecken und Wiesen ziehen,
will er die Füße im Herbsttau baden
und die Steine berühren mit Knien,
denn hier ist die Erde ihm voll der Gnaden ...

Anton Wildgans

Erzherzog Johann und die Steiermark

Eine der volkstümlichsten Gestalten der steiermärkischen Geschichte ist ohne Zweifel Erzherzog Johann von Österreich, dessen Persönlichkeit und segensreiches Wirken mit der Grünen Mark aufs innigste verbunden sind. Obwohl seit seinem Tode ein rundes Jahrhundert vergangen ist, ist doch die Erinnerung an diesen Wohltäter der Steiermark noch überall im Lande lebendig. In einsamen Bauernhöfen und weltfernen Almhütten erzählt man sich noch gern von dem fürstlichen Bergwanderer und kühnen Jäger und von seiner romantischen Liebe zur Ausseer Postmeisterstochter, die er erst nach langen Kämpfen als seine geliebte Ehefrau heimführen konnte. Man gedenkt dort auch dankbar seiner treuen Fürsorge und unermüdlichen Arbeit für den wirtschaftlichen und geistigen Aufstieg des Landvolkes. Aber auch in den Städten und Märkten sowie in den Industriebezirken des Landes lebt immer noch das Andenken an ihn, den Gönner von Kunst und Wissenschaft, den begeisterten Vorkämpfer für Fortschritt und soziale Gerechtigkeit, den unermüdlichen Förderer von Industrie und Handel, den Erzieher und warmherzigen Freund des steirischen Volkes. Dichter und Schriftsteller haben ihn in ihren Werken gefeiert, Geschichtsschreiber sein Leben und Wirken darzustellen versucht, und zuletzt hat auch der Film sich seiner volkstümlichen Persönlichkeit bemächtigt.

Stärker aber und nachhaltiger als in der Erinnerung des dankbaren Steirervolkes lebt sein Geist noch heute in den Schöpfungen fort, die durch seine aufopfernde Tätigkeit überall im Lande entstanden sind und für seine hochgemute Sinnesart und seine kluge Voraussicht Zeugnis ablegen. Durch sie blieb sein Wollen und Wirken mit dem Kultur- und Wirtschaftsleben unseres Landes bis in die Gegenwart aufs innigste verknüpft, und das Dichterwort, das Anastasius Grün dem toten Prinzen einst gewidmet hat: „Blick in dies Land: auf allen Wegen verkündet's ihn und seines Wirkens Segen!" hat seine Geltung bis heute bewahrt.

Erzherzog Johann wurde als dreizehntes Kind des damaligen Großherzogs Leopold von Toskana, des späteren Römischen Kaisers Leopold II. und seiner Gattin, der spanischen Königstochter Maria Ludovika, fern seiner späteren Wahlheimat, am 20. Jänner 1782 in Florenz geboren. Dort wuchs er in der freien Luft eines nach den Grundsätzen der Aufklärungszeit regierten Kleinstaates auf. Durch tüchtige Lehrer, die noch von Kaiser Joseph II. selbst für seine Neffen ausgewählt worden waren, erhielt er eine sorgfältige Erziehung und wurde auch in die damals eben aufstrebenden Naturwissenschaften eingeführt. Der junge Prinz hat gerade die Anregungen in diesen Wissensgebieten mit Begeisterung aufgenommen und sie in späteren Jahren durch eifriges Studium erweitert und vertieft.

Als Prinz Johann acht Jahre zählte, wurde sein Vater durch den frühen Tod Kaiser Josephs II. als dessen Nachfolger auf dem römischen Kaiserthron und als Herrscher über die österreichischen Erblande nach Wien berufen. Der Knabe lernte auf dieser Reise die österreichische Alpenwelt, die bald seine wirkliche Heimat werden sollte, zum ersten Male kennen. Durch den frühen Tod beider Eltern plötzlich verwaist, wuchs Johann unter dem Schutze seines ältesten Bruders Franz, der seinem Vater auf den Kaiserthron gefolgt war, unter der Obhut verläßlicher Erzieher am Wiener Hofe auf. Mit besonderem Eifer vertiefte er sich hier in das

Studium der österreichischen Geschichte, bemühte sich aber auch, Land und Leute persönlich kennenzulernen. Von entscheidender Bedeutung für die geistige Entwicklung des Prinzen wurde in Wien seine Bekanntschaft mit dem berühmten Geschichtsschreiber der Schweiz, Johannes von Müller, der durch seine Werke und seinen persönlichen Verkehr nachhaltigen Einfluß auf den jugendlichen Erzherzog gewann. Fand doch dieser in Müllers damals viel gelesener „Geschichte des Schweizervolkes" seine eigenen, der Ideenwelt Rousseaus entstammenden Ideale wieder. Seine ganze Liebe und Anteilnahme wandte sich schon damals der Heimat seines Geschlechtes, der Schweiz, und unter den österreichischen Gebirgsländern Tirol zu, dessen schlichte, bodenverbundene Bevölkerung er auf seinen ausgedehnten Bergwanderungen bald kennen- und schätzenlernen sollte.

Der laute Waffenlärm der französischen Revolutionskriege, der damals ganz Europa erfüllte, drang auch in die stillen Alpentäler ein und störte ihren Frieden. Der Traum von der naturnahen, weltfernen Idylle der Bergvölker schien ausgeträumt. Auch der 18jährige, kaum der Rekrutenzeit entwachsene Prinz wurde vom Wirbel der kriegerischen Ereignisse mitgerissen und mußte auf Wunsch seines kaiserlichen Bruders unter der Aufsicht eines alten, unfähigen Generals das Scheinkommando über eine gegen überlegene französische Kräfte im Kampf stehende Armee übernehmen. Wie es vorauszusehen war, unterlagen Führung und Truppe trotz allen Opfermutes der Kriegskunst der französischen Revolutionsgenerale in der Winterschlacht bei Hohenlinden (3. Dezember 1800). Nach dem Abschluß des für Österreich ungünstigen Friedens von Lunéville wurde Erzherzog Johann auf Vorschlag seines Bruders Erzherzog Karl, der Johanns besondere Begabung für Technik und Erdkunde bereits damals richtig erkannt hatte, vom Kaiser zum Generaldirektor des österreichischen Fortifikations- und Geniewesens und zum Direktor der militärischen Ingenieur-Akademie in Wien ernannt.

Dieses neue Tätigkeitsgebiet eröffnete dem Prinzen einen für die Zukunft bedeutungsvollen Einfluß auf die Neugestaltung der österreichischen Landesverteidigung und ermöglichte es ihm, durch ausgedehnte militärische Dienstreisen, die in erster Linie der Befestigung der österreichischen Alpenländer dienen sollten, diese Gebiete – und darunter auch die Steiermark und deren Bewohner – näher kennenzulernen.

Neben den militärischen und geographischen Verhältnissen der von ihm immer wieder durchwanderten Alpengebiete interessierten den Prinzen auch deren geschichtliche Vergangenheit und ihre gegenwärtigen wirtschaftlichen Verhältnisse. In der Steiermark galt schon damals sein besonderes Augenmerk dem Erzberg sowie den Radwerken und den zahlreichen Eisenhämmern. Im Jahre 1804 führte ihn eine militärische Bereisung der Steiermark zum ersten Male nach Graz.

Die vom Westen her drohende neuerliche Kriegsgefahr stellte allerdings Erzherzog Johanns militärische Aufgaben immer mehr in den Vordergrund, da er vom Kaiser mit der Organisation des Tiroler Landsturms betraut worden war. Aber selbst bei der pflichtgetreuen Durchführung dieser Aufgabe vernachlässigte der Prinz keineswegs seine wissenschaftlichen Interessen. Bei seinen ausgedehnten Wanderungen durch das Land befanden sich, neben den militärischen Fachleuten, immer auch landes- und naturkundige Männer in seiner Begleitung. Der Pflanzen- und Gesteinskunde der durchwanderten Alpengebiete galt schon damals seine besondere Aufmerksamkeit. Das bei dieser Gelegenheit gesammelte beachtliche naturwissenschaftliche Material war ursprünglich als Lehrbehelf für die Universität Innsbruck bestimmt.

Durch den unglücklichen Verlauf des Krieges im Jahre 1805 im Donauraum mußte auch Tirol kampflos geräumt werden, und im Frieden von Preßburg mußte Österreich dieses treue Land ganz abtreten. Damit fand ein Lieblingstraum Prinz Johanns, als kaiserlicher Statthalter in Innsbruck zum Wohle dieser von ihm so geliebten Provinz zu wirken, ein jähes Ende.

Da ihm nun die Tiroler Bergwelt ganz verschlossen war, wandte sich seine Liebe einem anderen Gebirgslande, der Steiermark, zu. Die lebendigen Eindrücke, die er bei einer militärischen Erkundungsreise durch die Gebirgswelt der Obersteiermark empfangen hatte, und der Einfluß des damaligen Gouverneurs von Innerösterreich, Franz Joseph Grafen von Saurau, sowie ein ausführliches und warmherziges Gutachten des Gubernialrates Jüstel haben wohl bei dieser für die Steiermark so folgenschweren Wahl des Prinzen entscheidend mitgewirkt. So nahm in den folgenden Jahren Erzherzog Johanns Plan, seine naturwissenschaftlichen Sammlungen in Graz zur Aufstellung zu bringen und im Zusammenhang mit dieser Stiftung dort eine den Forderungen der Zeit entsprechende Lehr- und Lernstätte für alle Schichten der steirischen Bevölkerung zu schaffen, immer festere Gestalt an. Allerdings sollte zwischen der ersten Planung und ihrer vollen Verwirklichung noch geraume Zeit vergehen. Schienen doch die Hindernisse, die sich damals in dem dauernd vom Feinde bedrohten, zeitweise besetzten und finanziell schwer geschädigten Lande einer solchen Kulturarbeit entgegenstellten, beinahe unüberwindlich. Doch Johanns fester Wille, sein Gottvertrauen und sein unerschütterlicher Glaube an die seinen geliebten Gebirgsvölkern innewohnenden Kräfte und nicht zuletzt seine aufopferungsvolle Hingabe an die selbstgewählte Aufgabe halfen ihm immer wieder, alle Schwierigkeiten zu überwinden.

Zunächst allerdings mußte der Erzherzog wiederum alle kulturellen Pläne gegenüber den ihm durch die bewegten Zeitverhältnisse aufgedrängten militärischen Pflichten zurücktreten lassen. Im Kriegsjahr 1809 war er an der Aufstellung und Organisation der steirischen Landwehr an führender Stelle beteiligt. Auch bei dieser Gelegenheit lernte er alle Schichten der Bevölkerung der Grünen Mark gründlich kennen und ihre Treue und Opferbereitschaft schätzen. Bei Beginn des Krieges kämpfte er anfangs als Befehlshaber der Südarmee erfolgreich in Oberitalien. Später konnte er jedoch seinen Bruder Erzherzog Karl, den Sieger von Aspern, nicht vor der Niederlage bei Wagram bewahren. Als auch im Jahre 1813 seine geheimen Bemühungen, das schwergeprüfte Land Tirol vom Feinde zu befreien, fehlschlugen und zu einer wenn auch nur vorübergehenden Entfremdung zwischen ihm und seinem geliebten Bruder und „Herrn", dem Kaiser Franz, führten, zog sich der Prinz, vom unglücklichen Ausgang des Krieges im Innersten getroffen, vom politischen Getriebe des Wiener Hofes ganz in die ländliche Abgeschiedenheit seines niederösterreichischen Landsitzes Thernberg zurück. Hier reiften seine dem Wohle der Steiermark geweihten Pläne. Immer wieder führten ihn von hier aus lange Wanderungen in die nahe obersteirische Bergwelt, in die weltfernen Wälder des untersteirischen Bachergebirges und in die fruchtbare südsteirische Rebenlandschaft. So lernte er das Land in allen seinen so verschiedenen Teilen genau kennen. In seinem Auftrag, oft auch in seiner Begleitung, durchstreiften schon damals wie auch in späteren Jahren hochbegabte Maler, Karl Russ, Matthias Loder, Jakob Gauermann und andere, das Land und hielten in meisterhaften Bildern die verschiedenen Bevölkerungstypen in ihren malerischen Trachten sowie auch die landschaftlichen Schönheiten der Steiermark fest. Auf seinen ausgedehnten Fußwanderungen kam der Erzherzog mit Angehörigen aller Berufsstände und aller sozialen Schichten dieses Landes in persönliche Berührung und lernte so ihre Sorgen und Nöte, ihre Wünsche und Hoffnungen aus ihrem eigenen Munde kennen. Es ist daher auch keineswegs verwunderlich, daß sich dem kaiserlichen Prinzen, der ihnen allen ohne Unterschied ihres Standes so viel Mitgefühl und Verständnis entgegenbrachte, bald alle Herzen öffneten und ihm in Liebe und voll Vertrauen entgegenschlugen.

Von entscheidendem und nachhaltigem Einfluß auf die Entwicklung der geistigen und materiellen Kultur im Lande war die im Jahre 1811 vom Erzherzog mit Unterstützung der steirischen Stände durchgeführte Gründung des nach seinem hochherzigen Stifter benannten „Joanneums" in der Landeshauptstadt Graz. Dieses bedeutende Volksbildungsinstitut ist ganz aus der Ideenwelt Johanns erwachsen und erfreute sich als seine Lieblingsschöpfung auch immer seiner besonderen Fürsorge. Nach dem Tode des steirischen Prinzen immer weiter ausgebaut, setzte es die idealen Bestrebungen des Erzherzogs zum Wohl unserer steirischen Heimat bis in die Gegenwart herein fort. Es wurde zur Keimzelle für mehrere der bedeutendsten Bildungsstätten des Landes, so zum Beispiel für die Technische Hochschule und die Landesoberrealschule in Graz sowie für die Montanistische Hochschule in Leoben. Der persönlichen Vorliebe des Erzherzogs für die vaterländische Geschichte entsprechend und gemäß seinem für das Joanneum aufgestellten Erziehungsplan wurde auch der Pflege der Geschichtswissenschaft ein wichtiger Platz eingeräumt.

Besonders die Erforschung der steirischen Landesgeschichte, um deren wissenschaftliche Bearbeitung es zu jener Zeit noch übel bestellt war, sollte gefördert werden. Der erste Schritt hierzu war ein vom Prinzen Johann im Jahre 1811 ausgesendeter Aufruf, der die zuständigen Stellen zur Sammlung aller auf die Geschichte der Steiermark bezüglichen Altertümer, Urkunden, Dokumente, handschriftlichen Aufzeichnungen usw. aufforderte. Diese auch für andere deutsche Länder vorbildliche Tat gab den Anstoß zur Begründung des Steiermärkischen Landesarchivs. Zur Belebung der heimatlichen Geschichtsforschung schrieb der Erzherzog bereits im Jahre 1812 Preisfragen aus der frühmittelalterlichen Geschichte der Steiermark zur allgemeinen Beantwortung aus. In den folgenden Jahren sammelte sich um Johann ein Kreis von Geschichtsfreunden, die im Jahre 1839 unter tätiger Mitarbeit des Erzherzogs den „Historischen Verein für Steirmark, Kärnten und Krain" begründeten. Im Jahre 1850 entstand daraus der „Historische Verein für Steiermark", an dessen für die Pflege der heimatlichen Geschichte so wichtiger und verdienstvoller Tätigkeit Prinz Johann bis an sein Lebensende Anteil nahm.

Seiner Zeit weit voraus, hatte Johann schon sehr früh die Bedeutung öffentlicher Bibliotheken und die wichtige Rolle der Presse für jede Volksbildungsarbeit erkannt. Durch die Spende eines großen Teiles seiner eigenen Büchersammlung an das Joanneum im Jahre 1811 und durch seine und anderer Gönner wertvolle spätere Schenkungen wurden die Anfänge der Steiermärkischen Landesbibliothek am Joanneum begründet und damit eine Einrichtung geschaffen, die auch heute noch zu den wichtigsten Faktoren der steirischen Volksbildungsarbeit zu zählen ist. Auch der vom Erzherzog trotz aller politischen Widerstände und Ränke im Jahre 1818 gegründete „Leseverein am Joanneum" hat in den Jahren seines Bestehens entscheidend zur freien Meinungsbildung und zur politischen Erziehung in weiten Kreisen des heimischen Bürgertums beigetragen.

Zur selben Zeit rief Prinz Johann in enger Zusammenarbeit mit verschiedenen

Lipizzaner in Piber. Hier ist die Heimat des weltberühmten Lipizzaner-Gestüts der Spanischen Hofreitschule Wien. Aus den dunklen Füllen werden später Schimmel, die zu hohen Dressurleistungen fähig sind.

Lipizzan-horses in Piber. This is the stud of the famous white horses called "Lipizzaner", which are known from the "Spanische Hofreitschule" in Vienna. The dark foals grow up to white horses.

Les chevaux lipiciens à Piber. Les fameux chevaux du haras de Piber sont connus, car ils sont dressés à Vienne dans la Spanische Hofreitschule. Les poulains noirs deviennent des chevaux blancs.

Die Wallfahrtskirche Maria Straßengel ist der älteste Marienwallfahrtsort der Steiermark mit einem großen Bestand an gotischen Glasfenstern. Der gotische Turm ist von berückender Fernwirkung.

The church of pilgrimage of Maria Strassengel is the oldest place of pilgrimage to St. Mary in Styria with many remarkable gothic stained glass-windows. The gothic tower rises in a fascinating manner above the valley.

Le pèlerinage de Maria Strassengel. Le plus ancien pèlerinage de la Styrie. Les vitraux et le clocher gothiques sont pleins d'effet.

Stift Rein. Nördlich von Graz liegt die älteste österreichische Zisterzienser-Abtei Stift Rein, ursprünglich romanisch, im 18. Jhdt. barockisiert. Am Sonntag nach Ostern wird in Rein das „Schlüsselfest", ein altes, religiöses Brauchtum, gefeiert.

The collegiate church of Rein. North of Graz lies a Romanesque church, which was transformed in baroque style during the 18th century. Here the monks maintain old customs.

Le couvent de Rein. Au nord de Graz se trouve la plus vielle abbaye des Cisterciens de l'Autriche. D'origine romane, l'église fut restaurée au 18e siècle en style baroque. Ici ont lieu d'anciens usages religieux.

Wallfahrtskirche Mariatrost. Von einem Berghang in einem der Außenbezirke der Stadt Graz blicken die barocken Türme von Mariatrost mit einer 84-Stufenstiege weit ins Land.

The church of pilgrimage of Mariatrost. From a hill in the surroundings of Graz the baroque towers of Mariatrost look far into the country. If you want to visit the church you have to climb up eighty-four stone-steps.

Le pèlerinage de Mariatrost. Un escalier de quatre-vingt-quatre marches en pierre mène sur une colline dans la banlieue de Graz. Les clochers jaunes brillent au soleil.

Heimatfreunden auch die „Steiermärkische Zeitschrift" ins Leben, deren erstes Heft im Jahre 1821 herauskam. Diese bis zum Jahre 1849 fortgeführte Zeitschrift hat mit ihren wertvollen wissenschaftlichen Beiträgen sehr zur Verbreitung und Vertiefung der allgemeinen Kenntnisse auf dem Gebiet der steirischen Heimat- und Landeskunde beigetragen. Später wurde der von ihr betreute Aufgabenkreis von den regelmäßig erscheinenden wertvollen Veröffentlichungen des Historischen Vereins für Steiermark übernommen und bis in die Gegenwart hinein fortgeführt.

Als im Jahre 1819 Prinz Johann von der Leitung des neugegründeten „Steiermärkischen Musikvereines" ersucht wurde, das Protektorat über diesen Verein zu übernehmen, nahm er auch diese Ehrenstelle mit den Worten an: „Nie entziehe ich mich dem, was die Steiermark betrifft", und er verstand es gar bald, auch die Tätigkeit dieses Vereins seiner großzügigen Volksbildungsarbeit nutzbar zu machen. Von allem Anfang an waren die Bemühungen des Erzherzogs auch auf die zielbewußte Förderung des heimischen Gewerbestandes gerichtet. Mit der Anlage von Mustersammlungen steirischer Industrie- und Gewerbeerzeugnisse (1817), mit der Veranstaltung von Industrie- und Gewerbeausstellungen (1832, 1833) und der Gründung des „Steiermärkischen Gewerbevereines" im Jahre 1837 wurde unter der Leitung des Prinzen dieses Ziel auch bald erreicht. Durch die Einführung unentgeltlichen Zeichenunterrichts für alle Gewerbetreibenden, durch Wettbewerbe, Vorträge, Fortbildungskurse, weitgehende Beratung seiner Mitglieder in allen fachlichen und wirtschaftlichen Fragen usw. übte dieser private Verein schon früh eine durchaus moderne Erziehungsarbeit aus, die später von den staatlichen Stellen übernommen wurde und bis heute mit Erfolg fortgeführt wird. Auch an der Gründung und an der Tätigkeit der im Jahre 1850 entstandenen „Handels- und Gewerbekammer" nahm Prinz Johann lebhaften Anteil.

Jedoch die Erziehungs- und Bildungsarbeit des Erzherzogs beschränkte sich nicht auf die Angehörigen der bürgerlichen Gesellschaft allein. Sein Streben ging darauf aus, alle Kreise der steirischen Bevölkerung in sie einzubeziehen. Galt doch schon seit seiner Jugendzeit seine besondere Liebe dem schlichten, naturnahen Bauernvolk, dessen Bedeutung für das Gedeihen und das Bestehen jedes Staatswesens er schon sehr früh erkannt hatte. In seinem unablässigen Bestreben, Land und Leute in ihren wesentlichen Zügen zu erfassen und darzustellen, wandte er besonders der bäuerlichen Bevölkerung des Landes sein Augenmerk zu und kann also mit Recht als der Begründer der wissenschaftlichen Volks- und Landeskunde der Steiermark bezeichnet werden. So enthält eine eigenhändige Aufzeichnung des jungen Prinzen aus dem Jahre 1796 über eine mehrtägige Wanderung im Gebiet von Mariazell bereits wertvolle volkskundliche Nachrichten und legt für seine gute Beobachtungsgabe Zeugnis ab. Auch in den leider nur noch zum Teil erhaltenen Tagebüchern des Erzherzogs, die dieser von seiner Jugend an bis zu seinem Tode mit großer Gewissenhaftigkeit geführt hatte, finden sich viele Notizen, die sein volkskundliches Interesse bekunden. Von entscheidender Bedeutung für die spätere wissenschaftliche Erforschung von Land und Leuten im Bereiche der Grünen Mark sind auch heute noch die Ergebnisse der von ihm zusammengestellten und bereits im Jahre 1811 an alle in Betracht kommenden Stellen durch das Joanneum ausgesendeten „Fragenentwürfe an sämtliche steyermärkische Werbebezirke zum Behufe einer physikalischen Statistik dieses Landes".

Durch die gewissenhafte Beantwortung der darin enthaltenen 90 Fragen, die alle Gebiete der heimatlichen Volkskunde und des steirischen Wirtschaftslebens umfaßten, sollte das Material für eine vom Erzherzog geplante umfassende „Innerösterreichische Statistik" gesammelt werden. Die handschriftlich aufgezeichneten Ergebnisse dieser ersten volkskundlichen Landesaufnahme bilden noch immer eine der wertvollsten Quellen zur historischen Volkskunde der Steiermark. In späteren Jahren reihten sich ihnen die ebenfalls von Prinz Johann angeregte Sammlung steirischer Volkslieder (1818) und seine Vorarbeiten zu einem steirischen Wörterbuch (1818) an. Ergänzt wurden diese wertvollen Aufzeichnungen durch die vielen Bilder mit Darstellungen aus dem steirischen Volksleben und der heimatlichen Landschaft, die im Auftrage des Erzherzogs oder über seine Anregung von verschiedenen zeitgenössischen Künstlern geschaffen wurden.

Bald aber sollten die Bande herzlicher Freundschaft, die den Prinzen mit der Steiermark und ihren Bewohnern verbanden, noch viel enger geknüpft werden. Bei einer Wanderung durch die obersteirische Bergwelt lernte Johann im Spätsommer des Jahres 1819 am idyllischen Toplitzsee die fünfzehnjährige Postmeisterstochter Anna Plochl aus Aussee kennen. In späteren Jahren hat der Erzherzog selbst die Geschichte dieser romantischen Liebe aufgezeichnet und damit sich selbst und seiner Braut ein unvergängliches Denkmal gesetzt. Erst nach langen Kämpfen mit den Hofkreisen gelang es Johann, seine Auserwählte, die später vom Kaiser zur Gräfin von Meran erhoben wurde, als seine Gattin heimzuführen. Sie hat an seiner aufopferungsvollen Arbeit für den kulturellen und wirtschaftlichen Aufstieg des Landes immer lebhaften Anteil genommen und ihrerseits einen nicht geringen Teil der Liebe und Dankbarkeit, die die Steiermark ihrem Prinzen Johann schuldete, als liebende Frau und Mutter seines Sohnes, ihm in einer langen, glücklichen Ehe abgestattet.

Von besonderer Bedeutung für die Bewahrung der altererbten, bodenständigen Volkskultur waren auch die Bemühungen des Erzherzogs um die Erhaltung der heimatlichen Volkstracht. Wenn die graue, grün verzierte Lodenkleidung der steirischen Jäger, Holzknechte und Bauern und die bunte Arbeits- und Festtracht der weiblichen Landbevölkerung zur allgemeinen steirischen Volkstracht geworden sind und mit geringen, zeitbedingten Abänderungen auch heute noch von allen Schichten der Bevölkerung der Steiermark überall im Lande mit Stolz und Freude getragen werden, so ist dies in erster Linie ein Verdienst Prinz Johanns, der meist selbst die schlichte bäuerliche Lodenkleidung trug und sie durch sein Beispiel auch in allen anderen Kreisen der steirischen Bevölkerung einbürgerte. Daß es dabei dem Erzherzog nicht um eine „romantische Verkleidung" im Stile der Schäferidyllen der Rokokozeit zu tun war, sondern daß er ernstlich bestrebt war, ein Beispiel der Einfachheit und Schlichtheit zu geben, um die sozialen Unterschiede zwischen den einzelnen Ständen zu überbrücken, geht aus einem Brief Johanns, den dieser im Jahre 1824 an seine Braut Anna Plochl geschrieben hat, deutlich hervor. Er schreibt: „Als ich den grauen Rock in der Steyermark einführte, geschah es, um ein Beispiel der Einfachheit in der Sitte zu geben. So wie mein grauer Rock, so wurde mein Hauswesen, so mein Reden und Handeln. Das Beispiel wirkte, der graue Rock, von manchem verkannt, von den Besseren erkannt, wurde ein Ehrenrock, und ich ziehe ihn nie mehr aus, ebensowenig weiche ich von meiner Einfachheit, lieber gebe ich mein Leben her." In diesen schlichten Worten spiegelt sich deutlich das Wesen des Erzherzogs und die von ihm immer wieder mit Erfolg angewandte Erziehungsmethode, jederzeit durch sein persönliches Beispiel zu wirken.

Prinz Johanns besondere Liebe und Fürsorge galt dem steirischen Bauernstande, dessen geistige und materielle Lage zu verbessern er unablässig bemüht war. So erwarb er bereits im Jahre 1818 ein obersteirisches Bauerngut in der Nähe von Mariazell, den „Brandhof", für dessen Bewirtschaftung nach fortschrittlichen Grundsätzen er persönlich Sorge trug und der bald zu einer für die ganze Gegend vorbildlichen Musterwirtschaft ausgebaut wurde. Auch der vom Erzherzog im Jahre 1822 in Pickern bei Marburg am Hang des Bachern erworbene Weingarten wurde durch Johanns Bemühungen, der hier Rebensorten vom Rhein anpflanzen ließ und die Kellerwirtschaft reformierte, bald für den untersteirischen Weinbau von größter Bedeutung. Vor allem aber widmete sich der Erzherzog mit Feuereifer der Organisation der von ihm im Jahre 1819 gegründeten „Steyermärkischen Landwirtschaftsgesellschaft".

Der Einfluß und die Leistung dieser vorbildlichen Vereinigung selbstloser, idealgesinnter Männer aller Gesellschaftsschichten kann für die Entwicklung der steirischen Landwirtschaft gar nicht hoch genug eingeschätzt werden. Prinz Johann selbst stand bis zu seinem Tode an der Spitze der Gesellschaft und nahm an ihrer segensreichen Arbeit immer tätigen Anteil. Durch ihre unablässigen Bemühungen wurde die steirische Bauernschaft mit den Fortschritten der damals neue Wege beschreitenden Landwirtschaft vertraut gemacht und von dem hemmenden Ballast veralteter, unwirtschaftlicher Arbeitsmethoden befreit. Von allem Anfang an standen auch diese Bestrebungen des Erzherzogs in engstem Zusammenhang mit dem Joanneum, in dessen Rahmen der von Johann bestellte und besoldete Professor der Landwirtschaft, Dr. Carl Werner, bereits seit dem Jahre 1826 öffentliche Vorlesungen über sein Fachgebiet hielt. Bald entstanden überall im Lande Filialen der Landwirtschaftsgesellschaft, die meist von Vertrauensleuten des Prinzen geleitet wurden. Er selbst besuchte immer wieder, auf langwierigen Fahrten mit seinem „Steirerwagerl" durchs Land reisend, die einzelnen Ortsgruppen, besprach sich mit ihren Mitgliedern, lernte so ihre Nöte und Wünsche kennen und stand ihnen mit Rat und Tat bei. Im Zentralausschuß der Gesellschaft in Graz wurden dann unter Johanns Vorsitz neue Reformen beraten und durchgeführt. So ist ihm und seinen Mitarbeitern die Einführung des Kartoffelanbaues und die Steigerung des Getreideanbaues im Lande, der Beginn des Hopfenanbaues in der Südsteiermark, vor allem aber auch die zielbewußte Förderung des Obst- und Weinbaues und der Viehzucht zu verdanken. Der mit seiner Unterstützung von der Landwirtschaftsgesellschaft in Graz errichtete „Versuchshof" mit ausgedehnten Mustergärten und Baumschulen versorgte die bäuerliche Bevölkerung mit geeignetem Saatgut und ausgesuchten Setzlingen.

Erzherzog Johanns soziales Verständnis und seine Tatkraft bewirkten auch in der Steiermark die Einführung einer zeitgemäßen „provisorischen Dienstbotenordnung" und die Verteilung von „Dienstbotenprämien" (1823) an verdiente alte bürgerliche Dienstleute. Aber auch beim Bau neuer, schöner und zweckdienlicher Wohn- und Wirtschaftsgebäude und bei der Anschaffung moderner landwirtschaftlicher Geräte unterstützte die Landwirtschaftsgesellschaft ihre Mitglieder in jeder Weise. Auf Anregung des Erzherzogs wurde im Jahre 1829 die heute noch in hohem Ansehen stehende „Wechselseitige Brandschaden-Versicherungsanstalt zu Graz" gegründet, deren Tätigkeit seit ihrem Bestehen hauptsächlich der steirischen Landbevölkerung zugute kam.

Neben dieser Fürsorge des Prinzen für den wirtschaftlichen Aufstieg des steirischen Bauernstandes hat er auch die Pflege der geistigen Volkskultur auf dem Lande keineswegs vernachlässigt und durch die von ihm angeregte Sammlung der steirischen Volkslieder (1819), durch die Förderung der Volksmusik und des Volkstanzes, durch die Veranstaltung von Wettbewerben und die Stiftung von Preisen für die besten Leistungen in diesen volkstümlichen Kunstzweigen viel zur Erhaltung und zum Gedeihen dieses alten Volksgutes beigetragen. Zu betonen ist, daß alle von der Landwirtschaftsgesellschaft durchgeführten, oft sehr tief eingreifenden Reformen und Verbesserungen stets ohne jeden bürokratischen Zwang und mit weitgehender Rücksichtnahme auf die konservative bäuerliche Geisteshaltung in bedächtiger, niemals überhasteter Art durchgeführt wurden. Prinz Johann hat es immer wieder verstanden, dank seiner innigen Volksverbundenheit und seiner schlichten, offenen und herzlichen Art, alle Widerstände, die sich da und dort seinen Bestrebungen entgegenstellten, mit Erfolg zu überwinden. Es darf uns daher nicht wundern, daß die stille, aber erfolgreiche Kulturarbeit des steirischen Prinzen bald weithin in den deutschen Landen bekannt wurde und überall begeisterten Widerhall und vielfach Nachahmung fand.

Als im Herbst des Jahres 1846 die „Vereinigung der deutschen Land- und Forstwirte", zu deren erstem Präsidenten der Erzherzog erwählt worden war, in Graz ihre festliche Jahrestagung abhielt, wurde seine aufopfernde, beispielgebende Tätigkeit in der Steiermark von allen Gästen immer wieder in begeisterten Worten gefeiert. Als echtes Kind seiner Zeit brachte Prinz Johann aber auch der am Beginn des 19. Jahrhunderts aufblühenden Technik und ihren wirtschaftlichen Auswirkungen größtes Interesse entgegen. Von einer ausgedehnten Studienreise, die ihn bereits im Jahre 1815 über Paris nach England und in die belgischen Industriegebiete geführt hatte, brachte er wertvolle Eindrücke mit. Er war fortan eifrigst bemüht, der in der letzten Zeit rückständigen heimischen Eisenindustrie, deren Erzeugnisse einst in ganz Europa großes Ansehen genossen hatten, durch zeitgemäße Verbesserungen wieder ihre alte Stellung im Welthandel zurückzuerobern. Zu diesem Zweck erwarb er in den nächsten Jahren in Vordernberg zwei Radwerke und die zugehörigen Anteile an dem damals noch im Stollenbau abgebauten, altberühmten Steirischen Erzberg. Als Mitglied der diesen kostbaren Besitz gemeinsam verwaltenden „Radmeister-Communität" erlangte er in dieser Genossenschaft bald eine führende Rolle. Auf sein energisches Betreiben hin wurde am Erzberg eine Reihe entscheidender technischer Verbesserungen, die den Umbau dieses alten Bergbaues zum heutigen Etagenbau einleiteten, eingeführt und durch günstige Waldkäufe auch die Produktionsfähigkeit der Radwerke (Hochöfen) wesentlich erhöht. Darüber hinaus bemühte sich der Erzherzog auch persönlich um die Erschließung neuer Absatzgebiete für die hochwertigen Produkte der steirischen Eisenwerke. Eine große Reise, die ihn im Jahre 1837 in die Türkei und nach Griechenland führte, sowie sein häufiger Aufenthalt in Triest ermöglichten es ihm, neue Handelsbeziehungen anzubahnen. Auch an der Erschließung der weststeirischen Braunkohlenvorkommen und an der Entwicklung der dortigen Eisenindustrie war Prinz Johann persönlich beteiligt. Er erwarb im Jahre 1848 ein Hammerwerk zu Obergraden und das Blechwalzwerk Krems bei Voitsberg. Sosehr Prinz Johann aber auch an der technischen und wirtschaftlichen Entwicklung der in seinem Besitz befindlichen industriellen Betriebe persönlich Anteil nahm, sowenig vergaß er auf die dort beschäftigten Berg- und Hüttenarbeiter. Er besuchte sie nicht nur an ihren Arbeitsstätten und feierte die traditionellen Feste in ihrem Kreis, er sorgte auch persönlich für die alten und kranken Arbeiter, und auf seine Veranlassung entstand in Vordernberg schon sehr früh eine Reihe sozialer Einrichtungen, wie die Bestellung eines eigenen

Mariahilf. Eine der schönsten Kirchen von Graz ist die frühbarocke Mariahilferkirche aus dem 17. Jhdt. mit dem Minoriten-Kloster. Das Altarbild des Hochaltars stammt von de Pomis.

The church of Mariahilf, one of the most beautiful churches of Graz, with the monastery in early baroque style going back to the 17th century. The altarpiece of the high altar was painted by de Pomis.

L'église de Mariahilf. L'église de Mariahilf avec le couvent des fréres mineurs est une des plus belles églises de Graz en style baroque primaire. La toile de l'autel principal est peinte par de Pomis.

Der Hauptplatz von Graz. Reges Leben und Treiben herrscht in der Innenstadt, die ihren Charakter zum Großteil unverändert in die heutige Zeit herübergerettet hat. Das Haus Luegg (links im Bild) mit seinen Arkaden trägt noch den Fassadenschmuck des 17. Jhdts.

Graz. Main square. The inner-town being filled with animated life and activity has to a great extend saved its character from the Middle-Ages. The house "Luegg" (left) with its arcades is still decorated by the beautiful facades of the 17th century.

Graz. Le Hauptplatz. La Place Principale de Graz avec la Mairie. La Maison "Luegg" (à gauche) avec ses arcades porte encore les façades du 17e siècle.

Bergarztes für die Belegschaft sowie ein Unterstützungsverein, die „Bruderlade der Berg- und Hüttenarbeiter". Auch der Bau eines eigenen Krankenhauses und gesunder und schöner Wohnungen für die Arbeiter am Erzberg wurde von ihm in seinen letzten Lebensjahren in Angriff genommen.

Neben diesen wirtschaftlichen und sozialen Aufgaben beschäftigte den Erzherzog auch immer wieder die wissenschaftliche Erforschung der Ostalpen, an deren Erschließung er als kühner Bergsteiger seit seiner Jugend persönlich teilnahm. Der von ihm im Jahre 1845 gegründete „Geognostisch-montanistische Verein für Innerösterreich" setzte sich die Erkundung neuer Erzlagerstätten und Kohlenvorkommen in der Steiermark und ihren Nachbarprovinzen zum Ziel. Auf Prinz Johanns entscheidenden Einfluß bei der Begründung und den Ausbau der bedeutendsten montanistischen Bildungsstätte Österreichs soll an dieser Stelle nur hingewiesen werden.

In engstem Zusammenhang mit der großzügigen Förderung der heimischen Eisenindustrie durch den Erzherzog Johann standen auch seine rege Anteilnahme an den aktuellen Verkehrsproblemen seiner Zeit und das weit vorausschauende Interesse, das er den damals erst im Entstehen begriffenen Eisenbahnen schon von ihren ersten Anfängen an entgegenbrachte.

So entwarf er bereits im Jahre 1825 in einem an den Grafen Franz Joseph von Saurau gerichteten Schreiben in prophetischer Voraussicht ein großzügiges Programm für ein künftiges, nicht nur Österreich, sondern ganz Mitteleuropa umfassendes Eisenbahnnetz. Der kühne Bau der ersten europäischen Gebirgsbahn, die Wien über den Semmering auf dem kürzesten Weg mit Graz und bald auch mit Triest verbinden sollte, ist seiner Initiative zu verdanken. Gegen den ursprünglichen Plan, nach dem die Bahnlinie von Wien, mit Umgehung der Obersteiermark und von Graz, über Westungarn geleitet und erst bei Pettau steirischen Boden erreichen sollte, setzte der Prinz die Route über den Semmering durch. Von den Offizieren des seinem Kommando unterstellten Genie-Corps wurden die notwendigen Vermessungsarbeiten durchgeführt und die ersten Pläne für diesen gewaltigen Bahnbau entworfen, der besonders nach seiner Fortsetzung bis Triest für die steirische und österreichische Wirtschaft von größter Bedeutung wurde. Erzherzog Johann war auch immer wieder persönlich bemüht, die steirischen Handelsbeziehungen zu diesem wichtigsten Ausfuhrhafen Österreichs nach Kräften zu fördern. Aber auch dem Straßen- und Brückenbau im Lande wandte der Erzherzog sein Augenmerk zu, und die Steiermark hat auch auf diesem Gebiet seiner nimmermüden Fürsorge viel zu verdanken. Hier sei nur auf die mit seiner Unterstützung durchgeführten wichtigen Straßenbauten in der nördlichen Oststeiermark, im steirischen Salzkammergut und im Süden des Landes hingewiesen. Von besonderer Bedeutung war die Steinbrücke über die Sann und die anschließenden Verbindungswege nach den südöstlichen Nachbarprovinzen.

Die friedliche Kulturarbeit des Erzherzogs, der im Jahre 1846 vom Kaiser auch zum Kurator der neugegründeten Akademie der Wissenschaften ernannt worden war, wurde leider durch die Ereignisse des Revolutionsjahres 1848 wieder unterbrochen. Vom Vertrauen aller Schichten der Bevölkerung aus allen Gauen Deutschlands getragen, wurde er, dessen Ruf als Freund des Volkes weit über die Steiermark hinausgedrungen war, von der Frankfurter Nationalversammlung zum Reichsverweser gewählt und an die Spitze des neuen deutschen Bundesstaates berufen. Der Erzherzog stellte sich auch hier, im vollen Bewußtsein der Schwierigkeit

Der Stadtpark in Graz. Am Fuße des Schloßberges liegt ein weites Parkgelände mit einer Vielzahl seltener alter Bäume: Der Grazer Stadtpark. Hinter dem großen Stadtparkbrunnen befindet sich das „Forum Stadtpark", einer der kulturellen Mittelpunkte der Stadt.

Graz. The Stadtpark. A great parc full of many exotic old trees covers the land at the foot of the Schlossberg. Behind the great fountain in the middle of the parc, there is the "Forum Stadtpark", one of the cultural centers of the town.

Le parc municipal de Graz. Au pied du Schlossberg s'étend un grand parc avec beaucoup de vieux arbres. Au milieu de ce parc se trouve une maison, le « Forum Stadtpark », un des centres culturels de la ville.

seiner Aufgabe, in selbstloser Weise in den Dienst des Vaterlandes, mußte aber bald die Erfolglosigkeit seiner Einigungsbestrebungen einsehen. Enttäuscht, aber ungebrochenen Mutes kehrte er nach zweijähriger Abwesenheit wieder in die Grüne Mark zurück, wo er von der Bevölkerung mit Jubel empfangen wurde. Er schrieb damals an einen Freund: „In der Steiermark habe ich es gut gefunden, die alten Herzen, das alte Vertrauen. Jetzt beginne ich wieder mein früheres Wirken." Einen deutlichen Beweis ihrer Treue und Zuneigung zu ihrem Prinzen „Hanns" erbrachten im Jahre 1850 die Bewohner des weststeirischen Marktes Stainz, in dessen Bereich der Erzherzog schon im Jahre 1840 eine ausgedehnte Herrschaft erworben hatte, als sie ihren früheren Gutsherrn bei den ersten Gemeindewahlen zum Bürgermeister wählten.

Dieses Ehrenamt nahm der Prinz freudig an und hat es auch pflichtgetreu ausgeübt. Die in jenen Jahren in ganz Österreich durchgeführte Bauernbefreiung und die damit verbundene Grundablösung gab ihm reichlich Gelegenheit, seine oft bewährte soziale Gesinnung immer wieder unter Beweis zu stellen.

Das Leben des infolge seines hohen Alters seiner militärischen Verpflichtungen entbundenen Prinzen war jetzt mehr noch als in früheren Jahren der Fürsorge für die von ihm geschaffenen gemeinnützigen Einrichtungen gewidmet. So erwuchsen damals unter der Mitarbeit des Erzherzogs aus dem Schoße der in der ganzen Steiermark verbreiteten Landwirtschaftsgesellschaft der „Forstverein" und die „Gartenbaugesellschaft in Steiermark". Auch um die Erhaltung des Gamswildes in den steirischen Revieren erwarb sich Prinz Johann, der trotz seines hohen Alters bis zu seinem Tode ein tüchtiger, waidgerechter Jäger war, mit seinen zielbewußten Hegemaßnahmen große Verdienste.

In seinen letzten Lebensjahren krönte noch die Begründung und tatkräftige Förderung mehrerer karikativer Einrichtungen, wie die des „Männer-Krankenvereines", des unter dem Schutze seiner Gattin stehenden „Anna-Kinderspitals" und des „Unterstützungsvereines für Gewerbetreibende" in Graz, das unvergängliche Lebenswerk dieses großen Wohltäters der Steiermark.

Am 11. Mai 1859 wurde der steirische Prinz nach kurzer, schwerer Krankheit, bis zum letzten Augenblick noch um das Wohl unserer Heimat besorgt, seiner verdienstvollen und aufopfernden Arbeit durch den Tod entrissen.

Erzherzog Johanns sterblicher Leib ruht, seinem letzten Willen entsprechend, in der Gruft seines Schlosses Schenna in Tiroler Erde, sein Geist und seine Werke aber leben in der Steiermark noch immer fort! Viktor Theis

Im Stadtpark

Im Stadtpark, abseits der bewegten Straßen,
blieb noch ein schmales Stück der Landschaft stehn,
wie ungewollt und lose dagelassen;
und Düfte blieben, Winde, wie sie wehn,
wenn sie befreit in offne Weiten fassen.

Die Dächer fliehen. Ihre Unrast neigt
sich schwer zurück auf abgestumpften Wänden,
und das verstaubte Grau der Türme schweigt.
Hier muß der schwüle Lärm der Gassen enden,
wo die Allee wie eine Mauer steigt. –

Die Rosen wiegen träumend ihre Kronen;
sie sind wie Sterne, die im Abend glühn.
Und in den Wipfeln, wo die Amseln wohnen,
in ihrem stillen, lichtumspülten Grün,
ist noch das Märchen wahr, das uns verging.

Alois Hergouth

„Forum Stadtpark"

Einer der Kristallisationspunkte junger zeitgenössischer Kunst in Österreich ist die
Künstlervereinigung „Forum Stadtpark". Sie verdankt ihre Gründung eigentlich
mehr oder weniger einem Zufall. Günter Waldorf, Leiter der „Jungen Gruppe",
einer Vereinigung moderner Maler, Architekten und Fotografen, fand auf der Suche
nach einem Ausstellungsraum das leerstehende Stadtpark-Café, das der Stadtge-
meinde gehörte und bereits langsam verfiel. Es mußte natürlich umgebaut werden,
der Senat der Stadt Graz zweifelte jedoch daran, daß die Künstler die Mittel dafür
aufbringen würden und beschloß den Abbruch des Gebäudes.
Da schloß sich die „Junge Gruppe" mit dem „Steirischen Schriftstellerbund" und
dem „Künstler-Club" zusammen und nannte sich „Forum Stadtpark". Als sich die
Presse auf die Seite der Künstler stellte und Sammlungen unerwartet hohe Beträge
ergaben, widerrief der Bürgermeister den Abbruchbeschluß. Der Umbau kam eher

einem Neubau gleich, denn der Zweck des Hauses vervielfachte sich durch·den Zu-sammenschluß der drei Künstlergruppen, welcher Umstand auch von Anfang an für innere Spannungen sorgte, allein schon durch die Gegensätzlichkeit der Gründungs-mitglieder, zu denen auch Grete Scheuer und Alois Hergouth zählten. Daß das „Forum Stadtpark" sicher über die Schwierigkeiten der ersten Jahre kam, verdankt es einem seiner Gründer, dem späteren ORF-Intendanten für die Steiermark, Emil Breisach, denn die Herausforderung, die es in der idyllischen Gartenstadt für ihre Bewohner darstellte, schied die Geister ihrer Bevölkerung. Der Versuch jedoch, die angeknüpften kulturellen Kontakte mit den Staaten des Ostblocks als „links" zu verunglimpfen, ging ins Leere, als die in diesem Haus erarbeiteten Meinungen zur Richtschnur für kulturpolitische Entscheidungen wurden.

Die Impulse, die das „Forum Stadtpark" gab, wurden über seinen Bereich hinaus wirksam. So sind die Dreiländer-Austellung „Trigon", die gemeinsam mit Italien und Jugoslawien veranstaltet wird, der „Steirische Herbst", moderner Gegenpol zu den konventionellen Sommerfestspielen, und die „Internationalen Malerwochen" auf Pläne des „Forums Stadtpark" zurückzuführen.

Aus einem Studentenkabarett bildete sich „Der Würfel" – heute in ganz Österreich ein Begriff. Es kam zur Gründung von qualifizierten Jazzgruppen, die den Grund-stock der neuen Jazzakademie bildeten.

Besondere Bedeutung, nicht nur in Österreich, sondern im gesamten deutschen Sprachraum, erlangte die Literatur des „Forums Stadtpark" und ihre Zeitschrift, die „manuskripte", welche ursprünglich nur als Hauszeitschrift gedacht war und heute nach der „Frankfurter Allgemeinen" die angesehenste deutsche Literatur-zeitschrift ist. Ihre erste Nummer erschien nur in hundert Exemplaren und ent-hielt ausschließlich Gedichte von Hergouth, Kolleritsch, Schwarz u. a.

Leiter und Herausgeber ist der Literaturexperte und anerkannte Autor Dr. Alfred Kolleritsch, der immer wieder den Mut hatte, Autoren zu publizieren, die man belächelte, und der dabei immer wieder seinen sicheren Griff unter Beweis stellte. Mittlerweile publizieren hier Konrad Bayer, Gerhard Rühm, H. C. Artmann, Ossi Wiener und Friedrich Achleitner, aber auch Nelly Sachs, Hans Arp, Peter Bichsel, Hans Magnus Enzensberger und Raoul Hausmann. Auch Michael Scharang, Wil-helm Hengstler, Peter Matejka, Klaus Hoffer und Gunther Cink gehören zu den Forum-Autoren. Und auch eine neue Generation wächst schon heran: Harald Sommer, Helmut Eisendle, Franz Supersberger, R. P. Gruber. Sie sind zum Teil noch unentdeckt, zum Teil bereits erfolgreich. Die Aushängeschilder des „Fo-rums Stadtpark" sind jedoch zweifellos Barbara Frischmuth, Peter Handke und Wolfgang Bauer. Gleich von Anfang an dabei war Barbara Frischmuth, heute als arrivierte Autorin nicht mehr in Graz lebend. Die Möglichkeit, erste Lyrik in den „manuskripten" zu veröffentlichen, war ihr eine bedeutende Starthilfe, heute schreibt sie vor allem Prosa und ist Mitglied der Gruppe 47.

Peter Handke ist wohl einer der bedeutendsten Autoren der Gegenwart. Er wurde 1963 Forum-Mitglied, heute gibt es bereits einige Dissertationen über ihn. Seine erste, in den „manuskripten" erschienene Prosa fand bereits Anerkennung, beim Forumgastspiel in Zürich wurden zum ersten Mal Handke-Texte gelesen und 1964 trat er gemeinsam mit Alfred Kolleritsch in Wien zum ersten Mal öffentlich auf. Schlagartig berühmt wurde er durch seine Kritik an der Beschreibungsliteratur bei einer Tagung der Gruppe 47 in Princeton. Sein endgültiger Durchbruch erfolgte mit den „Hornissen", auf der Bühne mit seiner „Publikumsbeschimpfung". Auch nach

Der Arkadenhof des Landhauses. Das prächtige Renaissancegebäude wurde in den Jahren 1557 bis 1563 nach Plänen Domenico dell'Allios im Stil der Paläste der Lombardei erbaut. Heute ist dieser wertvolle Bau der Sitz der Steiermärk-ischen Landesregierung.

Graz. The Landhaus. Arcaded courtyard in the Landhaus of Graz. The impressive renaissance building (1557 to 1563) in the style of Lombardic palaces is the work of Domenico dell'Allio and today is the seat of the Styrian Provincial Diet.

Graz. Les arcades de la cour du Land-haus. La cour à arcades du Landhaus à Graz. Ce magnifique édifice de la Re-naissance fut construit de 1557 à 1563 par Domenico dell'Allio dans le style des palais de Lombardie. De nos jours, ce précieux monument d'architecture est le siège du gouvernement de la Styrie.

Das Zeughaus. Anschließend an das Re-naissance-Landhaus befindet sich das Ständische Zeughaus (1643 – 1645) mit einer Waffensammlung von ca. 30.000 Rüstungen.

The Arsenal. Next to the Landhaus you find the arsenal of the Diet which con-tains a rich collection of 30.000 arms and armours.

L'arsenal de Graz. Dans une maison près du Landhaus se trouve l'arsenal des états (1643 – 1645) avec une collection d'armes d'environ trente mille pièces.

Schloß Eggenberg. Im 17. Jhdt. erbaut, war Schloß Eggenberg einst der geistige Mittelpunkt der innerösterreichischen Protestanten. Der herrliche Renaissance- und Barockbau, heute Jagdmuseum, mit prachtvollen Repräsentationsräumen und Wandgemälden, liegt in einem Naturpark mit Hoch- und Niederwild.

Castle of Eggenberg. Built during the 17th century, the castle was once the spiritual center of the inner-austrian protestants. Nowadays a hunting museum is to be found in the magnificient building with its wonderful representative rooms and frescoes within a deer-park.

Le château „Eggenberg". Construit au 17e siècle, le château Eggenberg était le centre spirituel des protestants. Il est entouré d'un parc à gibier. Un musée de chasse est installé dans le château.

Festsaal in Schloß Eggenberg. Das Innere des Schlosses beherbergt heute eine Gemälde-Galerie, ein Porzellan-Kabinett, eine Musikinstrumenten-Sammlung und das Barockmuseum der Stadt Graz. Es ist der Sitz der „Steirischen Akademie".

The Great Hall of the Castle of Eggenberg. In the interior of the castle there are nowadays accomodated a picture-galery, a baroque museum etc. It is also the place where the "Styrian Academy" meets.

La grande salle des fêtes au château Eggenberg. A l'intérieur du château sont installés une galerie de tableaux, une chambre de porcelaine, une collection d'instruments de musique et un musée d'art baroque.

seinem Abwandern nach Deutschland bekennt sich Handke weiter zum Forum und dessen Autoren, und er schrieb, daß er am liebsten in den „manuskripten" publiziert, deren einziger privater Förderer er übrigens mit einem jährlichen Zuschuß ist.

Eine neue, grundsätzlich andere Note erhielt das „Forum" durch Wolfgang Bauer, den gegenwärtig wohl umstrittensten Autor. Feind alles Herkömmlichen, propagierte er die Happy-Art, lange bevor der Hippie-Rummel in der ganzen Welt begann. Er hatte vorerst großen Erfolg mit seinen Mini-Dramen, bis er zum abendfüllenden Stück überging. Mit ihm haben die „Schwarzen Volksstücke" eine führende Rolle im deutschsprachigen Theater übernommen. Während Österreich allen dramatischen Neuerungen, vom Naturalismus bis zum Theater des Absurden, skeptisch und abwartend gegenüberstand, hat es, wie über Nacht, seit wenigen Jahren eine ungeahnte Bedeutung erlangt. Dieses neue Volksstück ist vor allem eine österreichische Schöpfung, es beinhaltet keine Heimat-Poesie und Kleine-Leute-Idylle, es sei denn als Maske einer geheuchelten Lieblichkeit, es beinhaltet aber auch keine Doktrinen, keine Politisierung des Theaters. Hier scheiden sich die Geister, heute wie gestern.

Das neue Volksstück zeigt alle Eigenschaften des klassischen der Barock- und Biedermeierzeit: Witz, Derbheit, Komödiantik, Kolportage. Die Stücke Wolfgang Bauers, Turrinis, Buchriesers, Sommers u. a. sind der österreichische Ausdruck jenes jugendlichen Weltgefühls, das sich in anderen Ländern in den ekstatischen Formen des Living Theatre und im harten politischen Tendenzstück manifestiert. Während aber diese von verschiedenen Ausgangspunkten her eine Erneuerung der Gesellschaft anstreben, bleiben die österreichischen Volksstückschreiber skeptisch. Ihre Ablehnung der bisher herrschenden Gesellschaft ist kaum als revolutionär zu erkennen. Die Härte, die heute auf der Bühne gefordert wird, erscheint hier durch den bösen Witz, durch einen makabren schwarzen Humor mundgerechter gemacht. Diese Spielgattung ist theatralisch die notwendige Reaktion auf die immer stärker werdende Abstrahierung des Menschen auf der Bühne.

Die Entlarvung des Kleinbürgers, der im Volksstück von gestern noch der biedere Held war, braver Gegenspieler des launischen Herren, der Dialekt, der nicht mehr Sprache gesunder, ehrlicher Landleute, sondern Ausdruck boshafter Provinzgesinnung, der schwarze Humor als letzte Möglichkeit, Menschen im Zeitalter der Verzweiflung zum Lachen zu bringen, diese drei Elemente sind die wesentlichen Merkmale des modernen Volksstücks, das sentimentale Handlungen zum Anlaß nimmt, um die Verlogenheit dieser Sentimentalität aufzuzeigen. Diese Stücke sind nicht nur der erste eigenständige Beitrag Österreichs zum europäischen Theater nach 1945, sondern auch einer der wesentlichsten und können an Rang dem des absurden oder des poetischen Theaters gleichgestellt werden. Unbewußte Vorbilder der jungen Stückeschreiber sind vielleicht Nestroy und Horvath, ihr unmittelbarer Anreger scheint jedoch das Kabarett zu sein, vor allem die Texte Helmut Qualtingers. Viel Kabarettistisches ist in diesen Stücken, und ein Gutteil der Erfolge Wolfgang Bauers ist darauf zurückzuführen. In „Magic Afternoon", „Change" usw. zeigt er den Kleinbürger in neuer Maske: als Kultursnob, Pseudokünstler oder Manager. Die Personen sind durchwegs karikierte Abbilder bekannter „Kulturbeflissener". Ihre Kreise sind die Boheme von heute, die nichts mehr mit Romantik, aber sehr viel mit Geschäftemachen zu tun hat. Es ist ein interessantes Phänomen, daß fast alle diese Autoren aus dem Südosten Österreichs stammen, und zweifellos hat das Forum Stadtpark einen nicht unwesentlichen Anteil an dieser Entwicklung.   Alexandra Göbhart

„Steirischer Herbst"

Im Gegensatz zu den sommerlichen Festspielveranstaltungen Österreichs, die immer mehr zum Fremdenverkehrsrummel werden, hat sich in der Steiermark in der schönsten Jahreszeit des Landes, im Herbst, eine Veranstaltungsreihe entwickelt, die eine repräsentative Zusammenfassung der künstlerischen und wissenschaftlichen Kräfte des Landes sein und im gleichen Rahmen den künstlerischen Darbietungen aus anderen Nationen als Ergänzung und im Wettstreit gegenübergestellt werden soll. Die Internationalität erwächst organisch aus der Nachbarschaft und geschichtlichen Überlieferung und dem Fehlen jener Geschlossenheit, jener Abgrenzung nach außen, die das Territorium der heutigen Steiermark kennzeichnet. Geschichte und Situation des Landes, seine Lage an der Grenze, der Landesgrenze und der Sprachgrenze, haben geradezu den Auftrag erteilt zu kulturellem und wissenschaftlichem Gedankenaustausch. Trotz seiner Bindung und seiner Entfaltung aus der Tradition des Landes ist der „Steirische Herbst" der Thematik des 20. Jahrhunderts verpflichtet. Das Prinzip der Modernität gehört zu seinem Charakteristikum. Als besonders erfolgreich erwiesen sich in den letzten Jahren die Konzerte des „Musikprotokolls", durch die Graz zu einer Stätte der regelmäßigen Pflege neuer Musik wurde. Der große Nachholbedarf auf diesem Gebiet hat zu einer großen Bereitschaft des Grazer Publikums, sich mit dem ganz Neuen konfrontieren und über die schon gültige moderne Musik informieren zu lassen, geführt. Diese beiden Ziele werden bei der Erstellung des Programms konsequent verfolgt.

Auf den Bühnen und im Konzertsaal wird gespielt, die Stadt Graz selbst aber ist mit ihrer Atmosphäre, mit der Eigenart ihrer Bauten und Plätze eine vom reifen Herbst gefärbte, große Kulisse.

Das Bild dieser Stadt ist geprägt von der wunderbaren Renaissance des Landhauses, der stillen, kraftvollen Schönheit der alten Burg, dem Kontrast des gotischen Domes neben dem südländischen Mausoleum, von den vielen Häusern und Palästen, die der Adel und das Bürgertum dieses Landes erbaut haben. Die meisten Pläne dazu haben Italiener gefertigt, und in den Mannschaftsbüchern der sich entfaltenden Industrie des 18. und 19. Jahrhunderts haben sich deutsche, italienische und windische Namen zusammengefunden. Zu lange haben sie in einem „Innerösterreich" zusammengewohnt, unter einer rechtlichen und politischen Verwaltung, zu viele Wege wirtschaftlicher Zusammenarbeit haben sich in den Jahrhunderten angebahnt, zu viele freundschaftliche und verwandtschaftliche Bande wurden geknüpft, als daß politische Grenzen sie trennen könnten. Das ist der Grundgedanke des Steirischen Herbstes, ein Gedanke des Friedens. Alexandra Göbhart

Graz, eine Stadt, die nicht am Weg liegt

Wäre eine Stadt nichts weiter als die Summe ihrer Bauten und Bewohner, so wäre auch Graz nichts weiter als die zweitgrößte Stadt Österreichs. Wird als Maßstab die Schönheit gewählt, ist es auch eine der schönsten Städte in unserem Land. Doch will man Graz mit anderen schönen Städten, wie Innsbruck, Salzburg, Wien, vergleichen, so kommt man schon in Schwierigkeiten, weil es etwas ganz anderes, ganz Eigenes ist. Es gibt zwar eine Oper in Graz, die wie die Wiener Oper im kleinen aussieht. Das Straßenstück, an der sie liegt, heißt Opernring wie in Wien. Es gibt auch Plätze in der Altstadt von Graz, wo man glauben könnte, in Salzburg oder, was fast dasselbe ist, im Mittelalter zu sein. Und doch gibt es an keinem Punkt dieser Stadt einen Zweifel, daß man sich in Graz befindet, daß die Luft, die man atmet, eine Grazer Luft ist.

Es ist eine merkwürdige Sache mit der Eigenheit einer Stadt. Sie läßt sich so schwer in Worte fassen wie etwa die Beschaffenheit von Gewürzen. Und wenn ich sage: Das ist grazerisch, so sage ich es mit der gleichen Überzeugung und doch mit der gleichen Verlegenheit, wie wenn ich sage: Das schmeckt nach Zimt, wobei ich nicht beschreiben kann, wie Zimt nun wirklich schmeckt. Unsere Sprache ist für die Beschreibung eines Duftes, einer Ausstrahlung, einer Atmosphäre sehr wenig geeignet. Wir sind auf dieser Ebene unseres Fühlens auf Vergleiche angewiesen. Aber Graz läßt sich schwer mit etwas vergleichen. Wie soll ich es dann beschreiben? Ich will es, mit untauglichen Mitteln, dennoch versuchen.

Da ist die Altstadt. Da sind die Plätze und Gäßchen mit ihren bezaubernden alten Namen: Paradeisgasserl, Hans-Sachs-Gasse, Glockenspielplatz. Das Mittelalter? Ja! Aber doch anders als in vielen anderen alten Städten. Hier ist es unauffällig, naturbelassen und noch um seiner selbst willen da. Die Kenntnis dieses Wesenszuges ist überhaupt ein Schlüssel, der den Zugang zur Schönheit von Graz eröffnet. Es ist dies eine Schönheit ohne Make-up, ich bin versucht zu sagen, eine verborgene Schönheit. Doch so verborgen ist sie gar nicht, und die einzige Voraussetzung dafür, sich ihrer zu erfreuen, ist, sich in den Zug oder in ein Auto zu setzen und nach Graz zu fahren – denn Graz ist keine Stadt, die „am Weg liegt", die man leicht mitnehmen kann, wie es im heutigen Touristenjargon heißt. Sie liegt ziemlich weit im Süden der Steiermark, am Alpenostrand, gar nicht weit von Jugoslawien entfernt und bewirkt durch ihr Vorhandensein, daß hier Österreich noch einmal sehr österreichisch wird. Denn was könnte österreichischer sein als der Wesenszug dieser Stadt, so viel zu besitzen, das sich sehen lassen kann, und so wenig Aufhebens davon zu machen, so schön und so sympathisch zu sein und sich selber so wenig ernst zu nehmen? Graz ist etwa fünfzig Kilometer von der jugoslawischen Grenze entfernt, doch ein Einfluß Jugoslawiens oder überhaupt des Balkans ist hier nicht zu spüren. Ein fremder Einschlag, der trotzdem da ist, kommt eher von Italien her. Da ist der Landhaushof mit seinen dreigeschossigen Arkadengängen, im leichten, reinen Stil der lombardischen Renaissance erbaut, ein Bild voll italienischer Heiterkeit.

Loggien umrahmen verborgene Höfe, in die man bei Spaziergängen durch die Altstadt unversehens gerät. Auf dem Schloßberg, der die Stadt wie ein riesiger grüner Schiffsbug teilt, steht ein Renaissanceglockenturm, und nicht weit davon der Uhrturm, das Wahrzeichen der Stadt. Nun, es gibt Schöneres auf der Welt als jenes gedrungene, ein wenig breitbeinig dastehende Bauwerk, das wie eine Windmühle ohne Flügel aussieht, und doch bringt es einen seltsam freundlichen, kindlich-großäugigen Zug in das Gesicht der Stadt. Wer es nicht glaubt, der stelle sich auf den Hauptplatz in den südlichsten Winkel links vom Rathaus und richte den Blick nach Norden, direkt dem Schiffsbug entgegen. Es ist dies kein neuentdecktes Motiv. Von dieser Stelle aus wurde Graz schon viele Male photographiert, doch glaube ich, daß gerade dieses Bild das Wesen von Graz am unmittelbarsten spiegelt: Stille und Naivität, Altehrwürdigkeit und Frische. Hier sieht die Stadt, obgleich alt, sehr lebendig aus, hier scheint sie aufzuschäumen rings um den stillen grünen Berg, und der Uhrturm mit seinen großen Augen steht oben wie eine Schiffslaterne oder wie ein besorgter Steuermann, der zum ersten Mal diese Linie befährt.

Graz hat viele Gesichter. Dies ist sein lächelndes Gesicht. Und wer mir zustimmt, daß Städte lachen und weinen können, der findet ein ähnliches Lächeln, wenn auch ein wenig stiller und abgeklärter, im Stadtpark mit den vielen Eichhörnchen oder draußen in Maria Trost, in Maria Grün. Was sind das doch für schöne Namen!

Ich bin versucht, auch über Kunst zu reden, über die Schätze der Gotik, der Renaissance, des Frühbarocks. Über das Joanneum müßte man schreiben, über das Barockschloß Eggenberg. Doch das führt weg von meiner Absicht, das Grazerische an Graz zu ergründen, das Eigene, das Unverwechselbare, die Atmosphäre oder wie man das nennt.

Nun, was ist Graz? Lassen Sie mich wiederholen: Das ist ein wenig Mittelalter, ein Hauch Italien und sehr viel Österreich, Einfachheit, Naivität, ja was sonst noch alles?

Wie schmeckt Zimt? Das läßt sich schwer beschreiben. Kosten Sie ein Stück Zimtgebäck. Fahren Sie einmal nach Graz!   Hannelore Valencak

Liebe zur Steiermark

Wenn mir als Südtiroler die Steiermark wie kein anderweitiges Alpenland ans Herz gewachsen ist, so rührt dies wohl aus dem Erspüren so mancher verwandter Züge im Antlitz, Wesen und Schicksal der Landschaft her. Denn ähnlich wie die Südtirols ist die Persönlichkeit der Steiermark als geschichtliches Land geprägt aus so vielfältigen Niederschlägen und Schichtungen des in sie verwurzelten Lebens. Von ähnlicher ethnischer Vielgesichtigkeit, die Jahrtausende herauf seit den erzenen Fundamenten der illyrischen und keltischen Vorzeit, seit den Überlagerungen so vieler Völker, der Römer, Bajuwaren und Slawen, ist dies von der Gestaltungskraft der Geschichte zu einer selbstbewußten Einheit zusammengewachsene Land. Und es ist ihm dieselbe Grenzlandbestimmung zwischen den Räumen Europas zuteil, dieselbe unabweisbare Offenheit kultureller Begegnung. Und ebenso wie dort ist die Landschaft – und dies ist das Sinnbildlichste der Steiermark – bestimmt von jener in allen Erscheinungen, dem Licht, der Luft wie in den Vermächtnissen der Vergangenheit sich kündenden Hinneigung zum Süden. „Hoch vom Dachstein an ...“, wie das Lied singt, von den hochalpinen Gehäusen der Gletscher- und Steinberge, allmählich dann sich lösend aus den schwergrünen Alm- und Waldbergmassen, neigt sich die Steiermark, in zärtlichen Übergängen schwelgend und sich immer heiterer öffnend, den Hügel- und Auengefilden ihres Weinlandes zu. Und so im Einklang mit seinem Land ist auch das angestammte Volk, lebensvoll heiter und verbindlich. Und wie der Begüterte im Norden meist sein Weingut im Süden besitzt, so ist auch im einfachen Menschen in den härteren Waldtälern der Obersteiermark das Heimatglück an dem holderen Zubehör der Untersteiermark gegenwärtig. Ein liebevoller Ausgleich aller Kontrapunkte der Landschaft, der Art und der Daseinsbedingungen scheint die Steiermark wie eine Melodie zu umgeben, und in diesem Land scheint jeder von dem Glück zu wissen, ihm anzugehören.

Meine Liebe zur Steiermark hat nicht mit dem Baedeker, sondern als Jagdgast in beiden Bereichen, dem der Hochwildreviere im Norden und in den niederwildreichen Revieren der Auen und Hügelsäume des Unterlandes, begonnen. Ich habe manche Wochen in manchem Jahr in hohen Jagdhütten zwischen Rottenmann und Admont gehaust, zur Hahnenbalz, zur Hirschbrunft und im Dezemberschnee. An vielen heraufdämmernden und einnachtenden Tagen am Dürnschöberl habe ich diese von Bergkämmen bewegte Obersteiermark, die Welt der Tauern, den theatralischen Grimming, die Dolomitenzinnen des Gesäuses überschaut, nebenher manche Sehenswürdigkeiten in den Talgründen zu besuchen Gelegenheit gehabt. Aber trotz und vielleicht gerade wegen des in diesem Waldbergüberfluß verlorenen Menschenwerkes, dem barocken Prunk des Stiftes Admont oder Seckaus, dem Wunder Pürggs am uralten Verbindungswege ins Salzkammergut, trotz dem jahrtausendealten Ameisenhaufen des Erzbergs und den gewaltigen Hochöfen und Industriewerken im Ennstal, im Liesingtal und an der Mur, bleibt die urweltliche Übermacht des Grüns umso augenfälliger bestehen. Das Leben bleibt von ihr und dem urwüchsigen Tagwerk in ihr gezeichnet, von den Weidegründen und Forsten. Und das wahre Herz dieser Obersteiermark scheint noch immer bei den Jägern und Holzfällern zu schlagen. Sinnbildhaft dessen ist ja das Steirergewand, die Tracht der Förster und der steirischen Jägerschaft, nicht nur eigenständigste Folklore, es ist sozusagen zur Nationaltracht ganz Österreichs geworden. Und Leoben, die Hauptstadt der Obersteiermark, die einstige Hochburg der „Eisenherren", ist auch die Hochburg ihres Waidwerks.

Wo die Mur aus der Enge der Bergflanken in ihr geruhsameres Stromland und in die Weite der Südsteiermark hinaustritt, liegt wie ein besinnlicher Ruheplatz im Übergang, um seinen Schloßberg gelagert, des Landes Hauptstadt, Graz. Ich habe so viele Male des Nachts von den Höhen des Hohenbergs unterm Schöckl in ihr Lichtermeer geblickt, es im Morgendunst und im Abendleuchten daliegen sehen, anmutig und phäakisch, dahinter die Ebene und die Dünungen der fernen Hügel voll Glanz und südlichem Anhauch. Ich bin auch im Flugzeug über dies wie ein Teppichmuster von sich schlängelnden Flußläufen, Auen und Wald-anhöhen, Ortschaften und Schlössern gewebte und zu den Grenzen hinge-breitete Unterland gebummelt, zwischen Deutschlandsberg und der Riegers-burg, dem legendären Bollwerk gegen die Türken, und ich habe auch dieses lieblichen Landes herrlichen Wein und seine Backhendln in anheimelnden Schenken um Stainz und an der Weinstraße im äußersten Süden, der Drau zu, genossen.

Es ist soviel Romantik und Anmut, Rauheit und Süße in diesem Land vermählt. Du kannst mit Jägern und Holzern bei Sterz und Unmengen Obsterschnaps sitzen und dir die abenteuerlichsten Geschichten von Wilderern und weißen Hirschen erzählen lassen, du kannst der Mur entlang an so vielen Kirchen und Burgen die kulturgeschichtliche Melodie der Steiermark erleben, den Zeugnissen vergangener und neuer Macht und und Wohlständigkeit begegnen, der unbeschwer-ten, lebhaften Daseinsfreudigkeit im heiteren Gehäuse der Landschaft, und du kannst auch etwas von der slawischen, der balkannahen Schwermut der Dinge verspüren. Und wenn die Herzöge der Steiermark einst wohlgefällig von ihrem „guten Land" sprachen, so ist es dies auch heute noch, ein gutes, im eigenen Wohlgefallen ruhendes Land, das Roseggerland.

In meiner Liebe zur Steiermark aber inbegriffen bleibt die edle Gestalt Erz-herzog Johanns, des Märchenprinzen der Steiermark wie auch Tirols unver-geßlichen Anwalts. Er liebte die Alpen und das Alpenwesen mit seinem ganzen romantischen, hochgesinnten Herzen und seinem rebellischen, staatsmännischen Geist. Er, der der Restaurationspolitik Metternichs alles opfern mußte, fand, verkannt von Tirol, seine Wahlheimat in der Steiermark. Er ist in das Herz ihres Volkes eingegangen, ja zu Steiermarks Legende geworden. Und wenn das weltbekannte Jodellied heimwehselig singt, sie sei dort, „wo das Büchserl knallt und wo der Gamsbock fallt und wo mein lieber Herzog Johann ist ...", so gehört der Mythos seiner Gegenwart sosehr zu diesem Land wie die Hirsch-geweihe und Gamskrickeln in allen getäfelten Gaststuben und wie die Melodie des Barocks, die nicht nur in den meisten Baudenkmälern, sondern im Leben der Steiermark weiterzuklingen scheint.   Hubert Mumelter

Oststeirische Schlösser

Im Mai 1840 kam mir die Lust an, mein liebes Steiermark, und zwar einen andern, mir noch unbekannten Teil desselben, zu sehen, besonders da ich einem mir freundlich gesinnten Ehepaar in Herberstein versprochen hatte, es zu besuchen.

Nach Hartberg war mir der Freund, welcher mich zu sich eingeladen hatte, der Oberamtmann von Herberstein mit seiner herzensguten, kleinen Frau entgegengekommen, und mit diesen fuhr ich nun nach ihrem Residenzschlosse.

Wir bogen bald in eine Schlucht (in Steiermark Klamm genannt) ein, wo zwischen sich einander nähernden Gebirgen die Feistritz in vielen Krümmungen rasch dahineilt, und an Klippen und Steinen sich brechend, gewaltig rauscht. Angenehme Kühle nahm uns in dieser Wildnis auf, und der Gesang der Waldvögel tönte von allen Zweigen. Über eine kleine Brücke gelangten wir zu einem einsamen Haus, das einem Fleischhauer gehörte, und als ich meine liebenswürdige Begleiterin fragte: „Wo ist denn Ihr Herberstein?" antwortete sie mir lächelnd: „Wir werden gleich dort sein." Ich blickte überall herum, sah aber nichts als Felsen, Wald und Wasser. Endlich erschien vor uns ein Tor, nichts als ein Tor, durch welches wir einfuhren und nun an einen Berg gelangten, zu dessen Rechten sich noch höhere Felsmassen erhoben, während zur Linken ein Abgrund gähnte, in welchem die Feistritz rauschte.

Ich wollte aus dem Wagen steigen, allein meine Führerin gestattete es nicht. Endlich erblickte ich rechts hoch über mir ein großes Gebäude, welches ich für einen Meierhof mit seinen Nebengebäuden erkannte, und unverwandt blickte ich nun dahin, weil ich neben oder hinter demselben auch das Schloß selbst zu erblicken hoffte, meine Begleiterin aber ließ sich schelmisch vernehmen: „Nicht immer findet man da, wo man sucht", und als wir endlich auf den Gipfel des Berges gelangt waren, da sprach sie zu mir: „Schauen Sie jetzt gerade vor sich!" Ich tat es, und vor mir tauchte aus der Tiefe eine rote Turmspitze auf, und dann die Kuppel und Mauern, und endlich das Schloß selbst, und unser Kutscher mußte einsperren, um in dasselbe zu gelangen.

Wenn du, mein lieber Leser, ein Wurm gewesen wärst, der sich lange im Kern einer Nußschale befand, dann könntest du dir einen richtigen Begriff von der seltsamen Lage des Schlosses Herberstein machen. Es liegt auf einem langen, nackten Felsenabhang, beiläufig 20 Klafter hoch, welcher Fels auf drei Seiten von der Feistritz umspült wird, rundum aber ist der Fels von höheren Bergen eingeengt, so daß man aus allen Fenstern des Schlosses nur Berge und Wald sieht. Derjenige, welcher einst den ersten Stein zu dieser Wohnung legte, hatte gewiß mit der Welt seine Rechnung abgeschlossen, er mußte schon alles gesehen haben, weil er hier nichts mehr zu sehen verlangte, er wollte sich nicht mehr finden lassen; denn hier suchte ihn niemand. Während seine Zeitgenossen ihre Wohnung stolz auf hohe Berge bauten, um ihre Augen nach allen Fernen zu wenden, verbarg er sich in das Herz der Natur und suchte hier Ruhe vor den Stürmen der Welt.

Das Schloß Herberstein ist eine seltsame Zusammenstellung von Bauten verschiedener Jahrhunderte. Der hintere, älteste Teil, schon in Ruinen liegend, ist im Jahre 1459 von einem Georg von Herberstein gebaut, er liegt auf der Westseite auf einem so senkrechten Felsen an der Feistritz, daß auch eine Gemse von dieser Seite die Burg nicht würde erklettern können. In den alten, halb verfallenen Gemächern dieses Teiles der Burg befindet sich nichts Merkwürdiges mehr, es müßte denn der Wartturm sein, in welchem das heimliche Gericht und die Burgverliese sich befanden.

Der zweite Teil des Schlosses ist besser erhalten, es befinden sich darin noch bewohnbare Gemächer, Arreste usw. In einem Gemach zeigte man mir das Panzerhemd und das leinerne Hemd eines Herbersteiners in dessen Blut getränkt, dann ein paar Helme und Spieße. In anderen Gemächern, welche der jetzige Besitzer des Schlosses bewohnt, wenn er hierher kommt, sind noch einige Kleinodien aufbewahrt, welche die Grafen von Herberstein als kaiserliche Gesandte an fremden Höfen erhielten.

Es zeichnet sich darunter ein herrliches, erhaben gearbeitetes, silbernes und vergoldetes Taufbecken aus, und mehrere Becher. Auch befindet sich in diesem Teil ein Ahnensaal, welcher mit Bildnissen der Herbersteiner, genealogischen Tafeln und Stammbäumen geziert ist. Der Boden ist mit schönen, viereckigen weißen und schwarzen Marmorplatten belegt, wie ich sie in allen steirischen Burgen gefunden habe.

Der dritte Teil, und zwar der Vorderteil des Schlosses, ist 1648 im italienischen Geschmack gebaut. Es ist dieser Teil, der erste, welchen man bei der Einfahrt erblickt, und er sieht aus, als ob er von Porzellan gemacht oder eben von einer Torte herabgenommen worden wäre. Hier bildet das Schloß ein zwei Stockwerk hohes Viereck, bei welchem man kein Dach, wohl aber im ersten Stockwerk und zuoberst steinerne Galerien erblickt. An den vier Ecken befinden sich Türme und im Vordergrund eine Mauer mit hohen vergitterten Fenstern, welche zu nichts anderem dient, als daß sie einen Gang um das Schloß bildet und daß man durch die Fenster das Schloß gleich von außen sieht.

Am Portal des Schlosses stehen zu beiden Seiten des Tores in Nischen Mars und Minerva mit der Überschrift: Marte et arte, und in der Mitte das Herbersteinsche Wappen mit der Inschrift: Sacris auspiciis er protectione coeli tunc reginae hanc sui stemmatis sedem a saeculis coeptam Avorum virtute firmatam, nunc vero in familiae suae perpetuum vicrementum, auxit et erexit illustrissimus ac excellentissimus D. D. Joan Maximil. Comes in Herberstein quatuor augustissimorum Caesarum praecipuis ministeriis conspicuus Anno 1667.

Als ich nun so, von der Reise ausruhend, an einem Fenster des Schlosses saß und mir es, obschon ganz eingeschachtelt, recht friedlich und heimlich zumute wurde, da trat die liebe kleine Oberamtmännin zu mir, zeigte mir ihr herziges kleines Töchterchen und erzählte mir, wie sie denn hier, geliebt von ihrem Mann und entfernt von dem Geräusche der großen Welt, so ganz glücklich sei. Sie sprach auch mit inniger Verehrung von dem Besitzer des Schlosses, der mit Verstand und Bildung Humanität und Herzensgüte verbinde und seine Untergebenen wie Freunde behandle. „Ich möchte um alle Welt nicht aus dieser romantischen Einöde", setzte sie hinzu; „indessen, mein Freund, wollen wir Ihnen morgen schon zeigen, daß wir nur einen kurzen Gang zu machen haben, um unsere Augen wieder in die Welt schicken zu können, und zwar in eine herrliche Welt. Für heute will ich Sie nur in unseren Garten bemühen."

Wir gingen durch einen bedeckten Gang aufwärts in den Garten, der außer Gemüsegattungen nur Rabatten mit perennen Pflanzen zeigte, aber als ich an das Ende desselben kam, erblickte ich eine Orangerie, wie ich noch nie in meinem Leben eine

Pöllauberg. Die hochgotische, auf einer Anhöhe gelegene Wallfahrtskirche von Pöllauberg wurde im 17. Jhdt. barock ausgestattet. Aus dieser Zeit stammt auch die große, reich verzierte Orgel (1684).

Poellauberg. The gothic church of pilgrimage situated at the top of a hill has been decorated in baroque style during the 17th century. From this time originates also the great richly adorned organ (1684).

Poellauberg. L'église gothique de Poellauberg, lieu pèlerinage, fut décorée en style baroque au 17e siècle. De ce temps (1684) date aussi l'orgue richement décoré. L'église se trouve sur une colline.

Fresken im Stift Vorau. Der illusionistische Barockmaler Johann Cyriak Hackhofer schuf die berühmten Fresken der Vorauer Stiftssakristei. Ein Detail von der Westwand mit der Darstellung des Höllenrachens und der Verdammten.

A fresco in the convent of Vorau. The illusionistic baroque painter Johann Cyriak Hackhofer created the famous frescoes of the collegiate vestry of Vorau. This a detail of the screen representing the jaws of the hell with the condamned sinners.

Les fresques à l'abbaye de Vorau. Le peintre baroque Johann Cyriak Hackhofer créa les fameuses fresques illusionistes de la sacristie de l'abbaye de Vorau. Ceci est un détail de la peinture de l'enfer et des dammnés.

DISCE. DICTI IN
DITE IGNEM
À ME ÆTER-
MALE. NVM.

herrlichere (nicht an Quantität, wohl aber an Qualität) gesehen hatte. In drei Alleen gereiht, standen bei anderthalbhundert der gesündesten, frischesten, mit den schönsten Früchten besäten Orangen- und Zitronenbäume. Obschon sie erst vor kurzem aus dem Glashaus herausgebracht worden waren, hatten sie doch nicht im mindesten gekümmert, die Blätter (in geringerer Anzahl als Früchte und Blüten) waren fett, saftig und tiefgrün, und auch nicht ein Baum ist mir vorgekommen, welcher kränkelte.

Eine Frucht, welche ich kostete, fand ich saftig und geschmackvoll, und man sagte mir, daß man einen bedeutenden Absatz damit mache. Ich erlustierte mich sehr in in diesem Orangenwäldchen und staunte, als ich vernahm, daß der Mann, welcher die Bäume versorgte, nicht einmal ein gelernter Gärtner sei.

Am andern Morgen bestiegen wir den Berg, welcher auf der einen Seite das Schloß Herberstein verbirgt und welcher den Tiergarten bildet. Er ist mit Fußpfaden durchschnitten, und als wir so allmählich hinanstiegen, begegneten wir ganzen Herden von Damwild. Als uns die Tiere in der Ferne erblickten, sahen sie uns erst mit klugen Augen an, und als dann das vorderste anfing zu laufen, flohen ihm alle pfeilschnell nach.

Am Gipfel des Berges angelangt, sahen wir nun auch wieder in die Welt, und zwar in eine reizende, lachende Welt. Während zu einer Seite das Schloß Herberstein auf seinem Felsen im Kessel lag, eröffnete sich von der andern eine weite Aussicht, bis zu dem Günser Gebirge; alle näheren Berge sind mit Reben, Häusern und Kirchen besetzt, und auf ihren Gipfeln sieht man die alte Feste Schielleiten und den von der Feste Neuhaus noch übriggebliebenen alten Turm, dann das alte Ritterschloß Stubenberg und als den Schlußstein den ganz urbar gemachten Berg Kulm. Die kleine Oberamtmännin war diesmal nicht bei uns, denn sie besorgte hauswirtlich die Küche, allein als ich sie von meinem hohen Standpunkt im Schloß Herberstein an einem offenen Fenster sah, machte ich ihr die Pantomime des Beifallklatschens, wofür sie mich mit einem selbstzufriedenen Lächeln belohnte.

Schon der Name Stubenberg hatte für mich etwas Anziehendes; denn in meiner Jugend hatte ich Kalchbergs Ritterschauspiel „Wülfing von Stubenberg" mit außerordentlichem Vergnügen gesehen, und wo wäre der Mann, bei dem nicht Jugenderinnerungen Einfluß auf sein ganzes Leben haben? Das Schloß selbst (ganz in der Ebene gelegen), der Stammsitz eines in der Steiermark sehr berühmten Geschlechtes, ist jetzt das Eigentum eines – Müllers, welcher darin Mehl aufgeschüttet hat. Man sieht daraus wohl, daß es in unserer Zeit die Weißheit weiter bringt als die Weisheit. In dem Kirchhof von Stubenberg befindet sich ein steinernes Monument, welches ein halbes Hundert Herbersteiner Ritter und Frauen deckt.

Noch fuhren wir, den herrlichen Abend nützend, in eine nahe Gebirgsschlucht, eine der engsten und wildesten, die ich je sah, beschauten von einem auf einem Hügel stehenden herrschaftlichen Weingartenhaus, dem schönsten Punkt der ganzen Gegend, das herrliche Rundgemälde und kehrten dann nach Herberstein zurück, wo ein gut zubereitetes Mahl und vortrefflicher steirischer Wein mir herrlich mundeten und ich dann in diesen alten, interessanten Mauern zum letzten Male recht sanft schlief.

Ignaz Franz Castelli

Die Riegersburg

Die weitläufigen Mauern der Riegersburg umfangen Felder, Wiesen und Weingärten, in denen für das Bedürfnis der Besatzung überflüssig gesät, geerntet, gemäht und gekeltert werden konnte, wenn der Feind auch alle Zufuhr der Lebensmittel abgeschnitten hätte. Wenn die Türken je (wie die Araber vor Konstantinopel) sieben Jahre lang, oder gar, nach Marco Polos Angabe, wie die Mongolen vor dem Assassinenschloß Tigado, dreißig Jahre lang belagernd gelegen hätten, möchte die Riegersburg, so durch Natur als Kunst reich versehen mit Saaten und Brunnen, die Belagerer ebenso lange Zeit gehöhnt haben; auch an einer auserlesenen Bibliothek fehlte es nicht, solange Riegersburg noch in den Händen der Gallerin und ihrer Erben, der Purgstalle, war.

Sie erhebt sich auf einem weit herum vereinzelten Berge, auf dessen Mitte beiläufig der gleichnamige Markt der siebentorigen Burg zu Füßen liegt. Tausend Schritte zählt man vom Grund des Tales bis zur Kirche im Markt und ebenso viele von der Kirche bis zum Gipfel der Burg, deren oberster Teil Kroneck heißt, weil er die Krone des Ganzen ist. Der Berg ist wie mit dreifacher Tiara gekrönt, deren erster Reif der Markt Riegersburg, der zweite die mittlere Burg, der oberste Kroneck ist. Von den neun Bollwerken, aus denen die phantastische Befestigung des Berges besteht, sind von der Südseite sieben ersichtlich; sie bilden mit den in den mannigfaltigsten Winkeln auslaufenden Verbindungsmauern und den hervorspringenden Wachttürmen eine höchst unregelmäßige, aber zugleich höchst malerische Festung. Man möchte sagen, die roten Mauern, welche im Zickzack zwischen Wiesen und Weingärten den Berg herunterlaufen, schlängeln sich wie Donnerkeile durch die grüne Flut eines Abendhimmels des Mittelländischen Meeres. Die Bollwerke sitzen dem Felsen wie kyklopische Massen auf, und die Felsen selbst erscheinen, besonders an der Ostseite, in ungeheuren Massen zusammengefügt. Wenn man von der Seite der Dechantei zum neuen Jagdpavillon aufsteigt und links auf die Felsenwand der Ostseite schaut, bedarf es nicht vieler Einbildungskraft, um in den natürlichen Umrissen dreier vorzüglich ins Auge springender Felsen zunächst die Trophäen eines länglichen, dem Felsen angehefteten Schildes, dann eine ägyptische Karyatide und weiterhin ein großes Felsentor zu erblicken, durch welches ein Strom von grünem Gebüsch hervorbricht. Zwischen dem Jagdpavillon und dem alten hinteren Aufgang haben sich ein paar hausgroße Felsenblöcke im Verlauf der Zeit losgeschält und sind zum Fuße des Berges niedergestürzt, wo sie daliegen wie die Stufen für die Giganten, welche, Ossa auf Pelion türmend, den Himmel erstürmen wollten.

Joseph Freiherr von Hammer-Purgstall

Frühling im Sausal

Es ist Mai geworden, ein schöner, herrlicher Mai, aller Gnaden seiner Sendschaft voll. Ich wohne am Flamberg, aus meinem Hause guckt jedes Fenster in eine unendlich weite Welt. Wie sich so im Sausalgebiet aus welligen Tälern, hellen Grüns, brauner Äcker und dunkelschattiger Wälder voll, behutsam die Hügel wölben und wieder niedersinken, um sich jenseits einer kleinen Talung ebenso milde wieder zu erheben, ach, das ist schön ohne Ende und läßt den Blick nicht satt werden. Es ist meine Heimat und unergründlich tief lebe ich in ihr.

Ich habe gestern – ja, gestern erst, werdet ihr sagen, denn es ist freilich spät – das Tagebuch des Winters zugeschlagen, es soll in einer Schreiblade verstauben.

Denn mit wundersamer Hand hat einer in den letzten Tagen, da ich vor dem Schreibtisch saß, an Baum und Feld gerührt, und nun lacht alles in Blüte und Hochzeit. Der Wind, der in den Klapotezen spielte, wiegt sie, nun schwanken die köstlichen Dolden und spielen mit den linden Lüften vor dem Blau des Himmels. „Heuer hat es gut angesetzt", sagen die Bauern, denn sie sehen schon das Obst, das die Knospen versprechen. Aber ich schaue über den Hang hinab und atme die leichte Süße, wie sie mir der Wind aus tausend offenen Kelchen von Wiese und Baum entgegenträgt.

Die Hausdächer von Jahring liegen dazwischen wie dunkle Inseln, und mitten durch das schöne Becken schlängelt sich die Straße. Da und dort sind die Felder grün, das Winterkorn setzt mächtig an, und schmale Streifen frisch gebrochenen Landes furchen sich daneben. Und dann, den Hang ansteigend, vor den Wiesen und Obstbäumen, liegt wie ein trennender Gürtel ein schmales Rapsfeld, und sein unbeschreiblich starkes Gelb redet von Heiterkeit. Darüber hin steht die weiße Flut der Baumkronen, und über dem Hügel schwebt eine schöne, geruhsame Wolke im tiefen Blau ...

Dunkel summt das Bienenvolk im Geäst ...

Auf der Hügelnase vor dem Stallbauerngehöft liegt eine weite Welt vor mir. Ferne unten, südwärts in einem falben, dunstigen Blau die Bergkämme des Platsch, dahinter der Bachern, und tiefer im Unterland, aus dem im Durst versunkenen Süden, lugen größere Gebirge ruhsam zu uns herauf. Schönes Land! Wir wollen sein nicht vergessen.

Wie Mauer und Wald, von den satten Farben des reifen Wonnemonds durchsetzt, baut sich nahe der Ring der Sausaler Berghügel auf, und gerade mir gegenüber, auf einer Kuppe, liegt Kitzeck mit Schule und Kirche. In das stumpfe Braun der Wälder schießen Streifen reineren Grüns, daraus erhebt sich, breit gelagert, das Gebiet von Mitteregg. Ein Glöcklein bimmelt hell. Das kommt wohl von Unterjahring her, da halten sie eine Andacht.

Aber tief im Grase hingestreckt, vom Winde beleckt und betastet, wird mir die helle Leichtigkeit des Tages. Das Bild der Heimat ist tief in mir; wie es um mich klingt und rauscht und blüht, weckt es Altvertrautes. In der Nähe schnaubt eine Kuh, der Stallbauer führt eine Fuhre neuer Weinstecken den schmalen Weg herauf, und ehe er sie ablädt, geht er prüfend durch die Reihen der Anlage. Er hat nicht immer Freude; vor ein paar Tagen hat der Reif viele Triebe verbrannt. Nun steht er still, schiebt den Hut aus der Stirn und kratzt sich den Kopf, während die andere Hand sich breitflächig gegen die tiefste Stelle des Rückgrats stemmt.

Tief seufzt er auf, dann stapft er hangab und wirft die Stangen auf einen Haufen. Gemach fährt er wieder heim. Bald darauf höre ich unten aus seinem Hof ein gleichmäßiges Gepoch. Da steht er wieder bei den Baumstämmen, die er im Herbst heimgebracht hat, und hackt sie zu vierkantigen Bohlen. Im nächsten Herbst sollen die Hauswände neu gefügt werden, aus den alten rieselt Mehl und der Bohrwurm nagt . . .

Ach, es ist schön zu lauschen und zu fühlen, wie alles so stark lebt. Wie die Gräser nicken und über meiner Stirn zusammenschlagen, wagt ein fetter Maikäfer seinen unbeholfenen, dummen Flug. Und dann erhebe ich mich und sehe drüben am Nikolaiberg die Leute in den Weingärten arbeiten. Die rostbraune Scholle bricht locker unter der gleichmäßigen Wärme; sie werden Lieder singen, die Mägde zumal und die Knechte üben die Späße der Männer. Klein kribbeln sie im Nadelwald der Stangen. Hellgetünchte Winzerhäuschen wachen am Hang. Am Kamm die große Linde hat mächtig angesetzt, ich sehe den saftiggrünen Strauß, und mir ist, als hörte ich den Wind, wie er dort in dem hochkronigen Baum wühlt und schnaubt.

Das ist nun so im Sausal – und während ich wieder weiterwandere, wird mir die herrliche Lust des Schauens –, daß sich wegauf, wegab die kunterbunte weite Welt im Kleinen und Kleinsten schenkt.

Auf dem Feld unter dem Flamhof pflügt der Moarbauer, es ist hohe Zeit. Eine Schar eifriger Hühner heftet sich an seine Spur und fällt über die Gabe der frischen Schollen her. Nun hält er an zur Rast und trinkt aus dem Krug, den sein Weib am Ackerrand bereitgestellt hat. Der Handochs ist anfällig und hat Launen, er muß ihn scharf nehmen. „Es ist Frühjahr", sagt er, „er ist noch wenig an der Luft gewesen, und der Jauk liegt halt jedem im Blut." – „Ja", sage ich, „jetzt werden die Burschen wieder zu raufen anheben", und er wiegt nachdenklich den Kopf. Es ist so Ähnliches im Anzug. Und er verrät mir, daß gestern die Burschen von Tillmitsch für den kommenden Sonntag eine Botschaft gesandt haben: „Die Flamberger sollen Kraut richten, das Fleisch machen wir selber". Und so schaut es nun nach Blut und Wunden aus, und der und jener am Berg mag sein Raufzeug richten. Aber der Wirt, wo sie sich zu versammeln gedenken, hat davon erfahren und ein Fünfkilogewicht unter dem Schanktisch bereitgestellt. „Hopp he!" ruft der Moarbauer und setzt den Pflug wieder an.

Leise, feierlich wallt der Raps im Anhauch.

Abseits vom Wege liegen seit langem schon ein paar Lasten Steine. Sie müssen auswittern, ehe sie zum Bau verwendet werden. Gras wächst zwischen den Fugen, Flechten hängen darüber hin, und das alles erzählt vom Leben über dem toten Stein. Plötzlich ein dünner Vogellaut, es schwirrt in der Luft, flattert und schlüpft in eine Spalte des Haufens. Ein Rotschwänzchen war es, ich habe es wohl gesehen, und die leise piepsenden Stimmen, die da innen laut werden, verraten die Niststätte. Nun schlüpft es wieder aus der Spalte, krallt sich an eine Kante des Steins und blickt mich mit Flackeraugen an. Da drehe ich mich behutsam, wie von ungefähr, gucke in den Himmel und gehe weiter. Es wird der Kinder wegen notwendig sein, auf den Steinhaufen zu achten.

Da und dort auf den Kämmen, vor den Giebeln der Gasthäuser, stechen Maibäume wie dünne, lange Lanzen in den Himmel, und ihr Wipfel steht darüber wie ein

Bad Gleichenberg. Der bedeutendste Kurort der Steiermark liegt am Fuß der einst vulkanischen Gleichenberger Kogel und war ein schon den Römern bekanntes Heilbad mit Kohlensäurebädern.

The spa of Gleichenberg. The most important watering-place of Styria lying at the foot of the once vulcanic Gleichenberger Kogel was already known at the times of the ancient Romans for its carbonated waters.

Gleichenberg. Le plus grand établissement balnéaire de la Styrie se trouve à Bad Gleichenberg, situé au pied des montagnes volcaniques, les « Gleichenberger Kogel ». Les Romains connaissaient déjà ces thermes.

Pünktchen. Als sie vorgestern beim Stationswirt den Maibaum aufstellten, wäre er beinahe umgefallen, ihrer fünf mußten ihn halten, und auf der anderen Seite, auf der höchsten Leitersprosse, stand des Strohriegls Sohn mit dem Weinglas und sagte seine Sprüche her.

„Die Tillmitscher Buabn sull'n nur kemm'n nachenand,
die Flamberger hau'n eahna's Fleisch aus'n Gwand!
Vivat!"

Er hob das Glas und trank. Und ein anderer, der unten an der Leiter mit der Flasche stand, aus der er das leere Glas wieder füllte, jauchzte, und die vielen im Kreise jauchzten mit. Eine Zieharmonika fiel ein, brummte fröhlich einige Liedtakte, und der junge Strohriegl sagte abermals einen Spruch.

Ja, es ist Frühling, die festliche Zeit des Jahres. Der Wald umfängt mich, in zarten, grünfarbigen Strähnen rieselt das Sonnenlicht durch das Geäst und Kringel zittern am Boden. Die Sausaler Wälder sind nicht dunkel hier, nicht urwaldgroß, und rauschen endlos, wie etwa im Oberland, obgleich hier alles einmal Forst und Wildnis war. Aber in den Jahrhunderten, da sich aus dem lateinischen „forestum Susel" das derb-gemütliche „Sausal" erschloß, fielen die Wälder, schwand das Dunkel, die Trauben kamen und der Wein rann. Dünnstämmige Buchen, Fichten, Föhren, dazwischen Buschwerk, Dornsträuche, hin und wieder eine Eiche und der faustdicke Pelz des Mooses.

Und das ist immer wie ein Wunder: Immer, wenn ein breiter Streifen Waldschlags an den Weg raint, lacht das ganze Sausal zu mir herauf, und die Rauchfahnen, die über den graubraunen Strohdächern quirlen wie ein Gruß. Es ist nicht zu sagen, wie zauberschnell und bunt die Bilder wechseln, eines schöner als das andere. Der Weg führt über den Bergrücken weiter nach Fünfturm, einem alten Herrenhaus, zu dem sie Schloß sagen.

Überall, wohin mein Blick fällt, bricht die Kraft des erwachten Jahres in die Welt, in Farbe, Sonne und dem glasigen Zittern der Luft, im altvertrauten Arbeitstag von Mensch und Tier. Dies alles webt sich lautlos zu einem festlichen Bild. Und es wird die Zeit der Heimkehr. Die Mägde kommen von den Äckern, wo sie Bohnen und Kartoffeln gesetzt haben, sie scherzen mit den Knechten, die nun Streu und Astholz vom heurigen Schneeebruch heimführen. Des Hüttenbauers Stiefsohn redet ganz still mit der Magd vom Binder-Hansl. Was sie sagen, ist nicht zu vernehmen, aber das Ochsengespann geht schon weit voran, kommt allein heim und sie merken es nicht.

Da nun gemach die Sonne untergeht, fächelt der Wind stärker über das Land, und plötzlich hebt fernher ein Windrad sein unsinniges Geklapper an, das arm klingt und doch so sehr zum Sausal gehört wie Rebe und Winzerhaus.

Frühe Schatten wallen tief im Tal; ein später Falter taumelt wie ein Blatt vor meinem Fuß, hier oben ist noch Sonne, lange bleibt sie uns, die wir auf dem Hügel wohnen.

Und da ich nun nach Hause gehe, nehme ich mit mir, was der Tag geschenkt, das Nicken der Blumen, blühende Bäume, Dorf, Acker und Wald und den starken, lebensvollen Duft, der aus allem atmet. Da ich in das Haus trete, schneidet die alte Magd eben einen Brotlaib an und macht vorerst mit dem Messer drei Kreuze über den Rücken des Laibes. Ich aber setze mich auf die Hausbank, über mir vom Fensterbord leuchtet das Rot der Pelargonien. Ich esse vom Brot, schließe die Augen und das Bild der schönen Heimat beglückt mich noch im Traum.

Paul Anton Keller

Die Riegersburg. Weit ins ebene Land der Oststeiermark blickt man von der mächtigen Riegersburg. Die gewaltige Festung trotzte allen Angriffen der Türkenzeit.

The citadel of Riegersburg. From the mighty fortifications of the Riegersburg in East Styria, scene of many battles in which the Occident defended itself against Avar, Ugrian, and Turkish onsloughts, you have a marvellous sight into green country.

Le château-fort « Riegersburg ». Le paysage vert de la Styrie de l'Est environne le grand château-fort, la « Riegersburg », l'énorme forteresse qui, jadis, bravait les assauts du Turcs.

Der steirische Schilcher

Dort, wo die Steiermark am sanftesten ist, an den sonnigen Südostlehnen der niedrigen Berge um Ligist und Stainz, die so romantische Namen tragen wie Rosenkogel und Engelweingarten, da wird es zwischen Waldschatten und Viehweiden plötzlich Süden.

Die Farben der Landschaft sind heller und die Sonne hat größere Kraft. In dieser freundlichen Weinhügellandschaft wächst der ursprünglichste aller steirischen Weine, der berühmte Schilcher. Dunkelrosa schimmert er im Glas und prickelt wie Champagner. Wie dieser macht er nicht schwer und dumpf, sondern ganz leicht und frei, erst beim Aufstehen, da kann es wohl sein, daß man ihn in den Beinen spürt. Wer allerdings darum weiß, daß er reichliche, kräftige Kost verlangt, den hat sein sorgloses Genießen nicht zu Schaden gebracht.

Wer nun die Schilchergegend richtig kennenlernen will, der mache mit Hans Kloepfer, „etwa zu goldklarer Herbsteszeit einen Gang von Wies über Deutschlandsberg so gegen Stainz. Der 'Kreuzberg' heißt anfangs das sandige Höhensträßlein, von dessen Hauptkamm da und dort zwischen Rebenhecken eine Querrippe abzweigt, mit mächtigen Buchen und Edelkastanien im Grund einer Kette von altersbraunen Winzerhäuschen unter hohen Lindenkronen. Darüber hinaus aber wandert der Blick von den weiten Wölbungen der Koralpe weit ins steirische Mittelgebirge mit Kirchen und Kapellen und Dörfern und Schlössern zwischen dunklem Wald und grünem Baumland. Eine bucklige Welt, von Windmühlen wie närrisch überschnarrt, von Wegkreuzen besegnet, darin unterm roten Gedach der liebe Herrgott mit bäuerlich schlichten Zügen ins Gärtlein zu seinen Füßen schaut."

Der Name dieses Weines ist alt. „Schilchen" oder „schillern" galt auch in der Steiermark von alters her als Bezeichnung einer zwischen Rot und Weiß spielenden Farbe. So alt wie sein Name wird der Schilcher aber niemals, teils weil ihm mit zu großer Begeisterung zugesprochen wird, teils weil seine Kraft und Farbe schon nach ein, zwei Jahren verblassen, er wird dann ganz hell und zu Essig. Schon vor ungefähr hundert Jahren galt der „Engel-Schilcher" aus dem Engelweingarten bei Stainz als der König aller Schilcher, der jedoch im Burgegger Schilcher aus dem Deutschlandsberger Schilchergebiet immer schon einen scharfen Rivalen hatte. Einige Schilcherarten dieser Gegend sind köstliche Schöpfungen der Volkssprache des „Schilchertales", so der Zwiebelschilcher, dessen Farbe den Zwiebelschalen ähnlich ist, und der „Faust-Schilcher", der dem Zecher in die Faust geht und zum Raufen reizt. Heißt doch „schilchert sein" vom Schilcher betrunken sein.

Der Chronist berichtet, daß auch Franz Schubert in der Abgeschiedenheit des weststeirischen Weinlandes einige glückliche Tage im Freundeskreis beim Schilcher verbracht hat und daß ihm der Wein aus diesen blauen Trauben besser gemundet hat als der Wiener Heurige. Die warmen Septembertage des Jahres 1827 waren wohl die letzten frohen Stunden des bereits den Todeskeim in sich tragenden Musikers. Die Erinnerung daran lebt jedoch in drei Liedern fort, die Schubert damals in Wildbach schrieb: „Winterabend", „Das Weinen" und „Die Sterne".

Franz Leskoschek

Schloß Seggau

Die Bischofsburg auf dem Seggauberg hatte schon nach den ersten Nachrichten, die uns über sie vorliegen, große Bedeutung für die kirchliche Geschichte unseres Landes. Wir wissen leider – bis auf das unbestimmte Zeugnis eines aufgefundenen Öllämpchens mit Christusmonogramm – über das ehemalige christliche Leben der nach 400 zerstörten Römerstadt Flavia Solva praktisch nichts. Sie hatte wohl spätestens im 4. Jahrhundert eine christliche Gemeinde. Die Stürme der Völkerwanderung gingen hier wie überall in unserem Lande über Römertum und frühes Christentum hinweg.

Als das Land im 8. Jahrhundert vom Missionszentrum Salzburg aus von neuem missioniert wurde und die Glaubensboten schließlich bis in die ungarische Tiefebene vordrangen, waren Stützpunkte für Mission und Kolonisation erforderlich. Schon die ältesten Urkunden seit 860 erweisen Leibnitz und die Burg als salzburgischen Besitz und damit als wichtigen Stützpunkt für die Arbeit der Mission. Darf man in der Martinskirche im Tal eine der Urpfarrkirchen unseres Landes (für das ganze Sulm- und vielleicht auch das Laßnitztal) erblicken, so verkörperte die Burg die wachsende geistliche und weltliche Bedeutung des erzbischöflichen Oberhirten in der fernen Bischofsstadt an der Salzach. Nach der Errichtung des ungarischen Nationalreiches war die Grenze seines Sprengels noch immer die Reichsgrenze an der Lafnitz und im Süden die Drau.

Keine Chronik und keine Urkunde gewährt uns näheren Einblick in die Erfolge und Schwierigkeiten der Missionsarbeit, die vor allem seit dem heiligen Bischof Virgil von Salzburg (745–784) immer wieder vorstieß. König, Erzbischof, geistliche und weltliche Grundherren unterstützten die Tätigkeit vieler Glaubensboten, deren Namen allein Gott kennt. Es dauert Jahrhunderte, bis das Land christianisiert und germanisiert war. Es gab noch keine Stadt und keinen Bischofssitz in der „Karantanermark", und auch das Pfarrennetz entwickelte sich nur langsam durch Neugründungen von Tochterkirchen in den zunächst riesengroßen Urpfarren. Noch lange gab es heidnische Reste, und das Christentum war nach dem Empfang der Taufe bei vielen rein äußerlich.

Die Bischofsburg über Leibnitz bedeutete in diesen Zeiten der Grundlegung des christlichen Glaubens sehr viel, denn sie verwaltete einen großen Teil des erzbischöflichen Besitzes, der für Kirche und Mission damals unerläßlich war. Kirche und Staat, Geistliches und Zeitliches durchdrangen einander im Mittelalter in so hohem Maße, daß man diese Zeit mit unseren heutigen Vorstellungen von den säuberlich getrennten Aufgaben und Rechten nur mißverstehen kann. Die Burg Leibnitz war das Symbol eines Erzbischofs, der zugleich geistlicher Hirte, einer der reichsten Grundherren des Landes und immer mehr sogar der Herr eines werdenden Landes, des nachmaligen Salzburger „Kirchenstaates", war.

Damit wurde die kirchliche Zugehörigkeit immer mehr zu einem politischen Problem. Vielleicht schon die Traungauer Markgrafen (vor 1192), sicher aber die Landesfürsten aus den Häusern der Babenberger und der Habsburger, strebten nach einem Landesbistum. Salzburg aber suchte durch eigene Gründungen das Heft in der Hand zu behalten. So entstand 1070 in Kärnten Gurk und 1215 in

Bayern Chiemsee. Erzbischof Eberhard II., der eigentliche Begründer des Landes Salzburg, errichtete 1218, während Herzog Leopold VI. auf dem Kreuzzug war, nach dem Muster der älteren Salzburger Gründungen das steirische Bistum Seckau, dessen kleines Diözesangebiet zwei Pole aufwies: Es erstreckte sich vom obersteirischen Seckau, wo Kirche und Stift der Augustiner-Chorherren den einzig möglichen Punkt für Kathedrale und Domkapitel darstellten, als schmaler Streifen über die Stubalpe durch das Kainachtal bis an die Mur bei Wildon. In Leibnitz opferte das Erzstift nicht die Hauptburg, sondern nur den „alten Turm" als Unterkunft für den Bischof, dessen Existenzgrundlage anfangs ähnlich schmal bemessen war wie sein Diözesangebiet: die vier reichen Pfarren Fohnsdorf, Leibnitz, Vogau (St. Veit) und Raabe (St. Ruprecht an der Raab), die aber der Diözesanzugehörigkeit nach weiterhin bei Salzburg blieben, dazu 30 Huben Landes an der Gaal, ein Zehenthof in Saggau, ein Haus in Friesach und eines in Salzburg und schließlich der alte Turm im erzbischöflichen Schlosse Leibnitz mit Garten und Berganteil. Von allen diesen Besitzungen eignete sich nur jene in Leibnitz als Amtssitz des Bischofs. Erst in der Urkunde Eberhards II. vom 17. Februar 1219, Salzburg, ist sie erwähnt.

Schon der weit gestreute Besitz läßt erkennen, daß sich die Aufgabe der Bischöfe von Seckau nicht in der Regierung ihrer kleinen Diözese erschöpfen sollte. Der Sitz Leibnitz, außerhalb des Seckauer Diözesangebietes gelegen, deutet ebenfalls in diese Richtung. Erzbischof Eberhard hatte sie schon 1217 in seiner Bitte an Papst Honorius III. um die Erlaubnis zur Gründung angegeben und darauf vom Papst die Antwort erhalten: „... Propst Karl von Friesach hat vor Uns und Unseren Brüdern in kluger Weise dargelegt, daß die Salzburger Diözese so ausgedehnt ist, daß du sie nicht, wie du müßtest, bequem visitieren kannst. Es gibt in ihr vor allem im Herzogtum Steier gegen Ungarn Gegenden, in die du nicht persönlich kommen und auch keinen von deinen Mitbischöfen entsenden kannst, um dem Volk in jener Gegend die bischöflichen Sakramente zu spenden. Daher konnten sie, wenngleich wiedergeboren aus dem Wasser der Taufe, doch noch immer nicht vollkommen in der kirchlichen Lehre unterwiesen werden und sind darum noch zum Teil in den Finsternissen alter religiöser Bräuche befangen, gehen in manchen Dingen in die Irre, und es besteht die Gefahr, daß sie völlig in einen Irrtum stürzen, aus dem man sie nicht mehr leicht befreien kann ..."
Propst Karl, der in Rom so beredt die seelsorgliche Notwendigkeit des neuen Bistums vertreten hatte, wurde auch der erste Bischof von Seckau. Er und seine Nachfolger hatten ein großes Aufgabengebiet übernommen, denn sie sollten die Last des bischöflichen Amtes nicht nur in ihrer eigenen kleinen Diözese tragen, sondern außerdem noch als Vertreter des Erzbischofs von Salzburg (es gab damals noch keine Weihbischöfe in unserem Sinne) in einem weiten Gebiet fungieren, das etwa durch die Fischbacher Alpen, die Glein-, Stub- und Koralpe im Norden und Westen, durch die Reichsgrenze an der Lafnitz im Osten und durch die Drau im Süden umgrenzt war. Man kann also sagen: Der Bischof von Seckau war schon voh Anfang an dazu bestimmt, der steirische Bischof zu sein. Leibnitz lag als Sitz des Bischofs zwar nicht innerhalb der alten Seckauer Diözese, aber doch „knapp" an ihrer Grenze (ein paar Gehstunden waren damals kein weiter Weg), da sie bis Wildon reichte.
Es ist für die salzburgische Politik bezeichnend, daß der neue Bischof nur die Weihevollmacht, aber keine Regierungsgewalt außerhalb seiner Diözese bekam.

Bauernhof bei Stainz. Bunte Blumen an Fenstern und Balkonen zieren die auf Steinkeller aufgebauten Holzhäuser der weststeirischen Bauern.

A farm near Stainz in West Styria. Flower-decorated windows and balconies embellish the wooden farm houses of the west styrian farmers which are based on stone cellars.

Ferme dans la Styrie de l'Ouest près de Stainz. Les paysans de la Styrie de l'Ouest donnent leurs soins à la culture des fleurs multicolores qui décorent les fenêtres et les balcons des fermes de bois édifiées sur des celliers de pierre.

Schloß Hollenegg. Im südlichen Schloßhof des Renaissancebaues von Schloß Hollenegg steht eine Kirche. Das prunkvolle Stiegenhaus wurde dem Arkadenhof des Grazer Landhauses nachgestaltet.

The castle of Hollenegg. In the southern yard of the renaissance building of Hollenegg one finds a church. The splendid stair-case is constructed in the manner of the Landhaus in Graz.

Le château de Hollenegg. Ce château de la Renaissance possède une cour en arcades qui se ressent du Landhaus à Graz. Dans la cour au sud du château s'élève une église.

Blick von Engelweingarten auf Stainz. Am Südausläufer des Rosenkogels liegt die Sommerfrische Stainz, Hauptort der weinreichen Südwest-Steiermark, aus der der „Stainzer Schilcher" kommt.

View from Engelweingarten to Stainz. At the southern outskirts of the Rosenkogel lies the summer-resort Stainz, center of Styrian viniculture, which is the origine for the production of the "Stainzer Schilcher", the typical wine of this part of the country.

Vue de l'Engelweingarten sur Stainz. La villégiature de Stainz au pied du Rosenkogel est l'endroit principal de ce pays de vin. Un vin fameux, le « Stainzer Schilcher », vient de ce lieu.

Kürbisernte in der Südsteiermark. In den frühen Herbsttagen werden in der Südsteiermark die Kürbisse geerntet, deren Kerne für das berühmte steirische Salatöl, das Kernöl, verarbeitet werden.

Pumpkin harvest in South Styria. In early autumn days pumpkins are gathered in South Styria. The pumpkin kernels are used for the production of the famous styrian salad-oil, known as "Kernoel".

La récolte des courges dans la Styrie du Sud. Les premiers jours de l'automne, on recueille les courges dont les graines seront transformées en une huile de salade, le « Kernoel » fameux.

Salzburg wollte durch die Gründung nicht Einfluß abgeben, sondern behalten. Das erschwerte die Arbeit der Seckauer Bischöfe bis 1591 außerordentlich, da sie nicht ermächtigt waren, dem Klerus bindende Vorschriften zu geben oder über ihn die kirchliche Gerichtsbarkeit auszuüben. Ihre Aufgabe bestand vielmehr vor allem darin, Kirchen, Altäre und Friedhöfe zu weihen oder wiederzuweihen, wenn sie durch Kriegsereignisse, Raufhändel mit Blutvergießen oder andere Vorkommnisse ihre Segnung verloren hatten. Selbstverständlich hatte der Bischof von Seckau auch die Aufgabe, in „seinem" Gebiet die Firmung zu spenden und Priester zu weihen. Von der ersteren Tätigkeit haben wir fast gar keine Nachrichten und müssen annehmen, daß Firmungs- und Visitationsreisen nicht planmäßig abgehalten wurden, sondern beim Besuch von Kirchen aus irgendeinem Anlaß immer auch zum Empfang des Sakramentes der Firmung Gelegenheit geboten und in Seggau selbst auch sonst gegeben war. Dafür aber weisen die erhaltenen Weiheprotokolle schon für das 15. und 16. Jahrhundert die Kandidaten für eine Weihe ziemlich genau aus. Sie mußten am Quatemberdonnerstag in Seggau erscheinen und sich prüfen lassen. Was geprüft wurde, ist wiederum nicht bekannt. Die meisten Kandidaten lernten den geistlichen Beruf nicht durch Studium im heutigen Sinn, sondern ähnlich wie ein Lehrling sein Handwerk, indem sie sich von einem wohlwollenden Pfarrer in die wichtigsten Aufgaben der Seelsorge und des Gottesdienstes einführen ließen. War die Prüfung bestanden, so wurde der Kandidat am Quatembersamstag in der langen Quatembermesse geweiht. Die Ordinariatsbibliothek bewahrte eigenartige Meßbücher, in denen jeweils nur die Messen der Quatembersamstage und darin zwischen den Lesungen gleich die einzelnen Weihen geschrieben standen. Da die Protokolle außer den Namen der Kandidaten auch ihren Herkunftsort und den Wohltäter angaben, der ihnen den „Tischtitel" zusicherte, läßt sich ein sehr bestimmtes Bild über den Klerus vor der Glaubensspaltung aus diesen Protokollen gewinnen. Die meisten Priestertumskandidaten kamen damals nicht vom Lande, sondern aus den Städten und Industrieorten, und unter den Wohltätern sehen wir adelige Herren, höhere Geistliche und Klöster, manchmal auch die Magistrate von Städten. Die heiligen Weihen wurden gewöhnlich in der Kapelle des salzburgischen Schlosses (heutige alte Schloßkapelle und Pfarrkirche) gespendet, nur selten in einer Pfarrkirche, wie in Leibnitz, Graz oder Radkersburg, oder auch in der bischöflich-seckauischen Kapelle. Gerade in diesen Protokollen sehen wir die seelsorgliche Bedeutung des Schlosses Seggau, die darin bestand, daß hier der einzige Inhaber der bischöflichen Weihegewalt im Lande seines wichtigen Amtes waltete.

Hier liegt auch die Lösung einer oft gestellten Frage: Warum findet sich der Name des obersteirischen Domstiftes Seckau (bei Knittelfeld) auch bei der Burg über Leibnitz? Einfach deswegen, weil im „alten Haus" der Bischof von Seckau seinen Sitz hatte. „Seckau" und „Seggau" wurden erst in neuerer Zeit immer eindeutiger auf die beiden Orte verteilt. Die Burg „Seggau" war der natürliche Mittelpunkt des weitreichenden Aufgabenkreises des Bischofs von „Seckau" und hat darum auch von der obersteirischen Kathedrale (in der nur selten bischöfliche Gottesdienste stattfanden) den Namen bekommen.

Der Aufgabenkreis der Bischöfe erweitere sich beträchtlich, als Erzbischof Wolf Dietrich 1591 Bischof Martin Brenner zum Generalvikar für den steirischen Teil der Erzdiözese Salzburg ernannte und mit vielen kirchlichen Regierungsvollmachten ausstattete. Auch die Nachfolger Martin Brenners bekleideten dieses verantwortungsvolle Amt.

Der Bischof war zunächst einer von drei Herren, die den Burgberg über Leibnitz teilten. Sein „altes Haus" wurde überragt von der erzbischöflichen Feste (heute Südflügel des Schlosses) und dem „Vizedomhaus" (Haus des obersten erzbischöflichen Verwaltungsbeamten), und am Südabhang sieht man noch heute das ehemalige Schloß Polheim. Als das Geschlecht der Leibnitzer, die zuerst als Beamte des Erzbischofs auf dem Schlosse saßen, ausgestorben war, trat das oberösterreichische Geschlecht der Polheimer an ihre Stelle, um im 16. Jahrhundert ebenfalls auszusterben. Nachdem das Schloß Leibnitz durch die Ungarnkriege am Ende des 15. Jahrhunderts schwer gelitten und sich lange nicht erholt hatte, schenkte Erzbischof Wolf Dietrich von Raitenau 1595 dem Seckauer Bischof Martin Brenner und seinen Nachfolgern Schloß, Markt und Herrschaft Leibnitz samt dem heimgefallenen Schloß Polheim. Das Geschenk war zugleich eine schwere Aufgabe, denn man mußte den heruntergekommenen Besitz erst wieder emporwirtschaften. Seither haben die Bischöfe von Seckau die alten Bauten in manchen Dingen verändert, so schon Martin Brenner. Seine Nachfolger haben nicht nur das „alte Haus" bewohnt, sondern auch im oberen Schloß die schönen Arkadengänge hinzugefügt und dem Schloß allmählich außen und innen sein heutiges Gesicht gegeben. Der Name „Seggau" wurde nun auf die ganze Schloßanlage übertragen und bezeichnet heute auch die ehemals salzburgische Feste Leibnitz und selbst das noch als eigener Bau erhaltene Schloß Polheim.

Karl Amon

Flavia Solva

Das Gebiet um die heutige Stadt Leibnitz in der Mittelsteiermark war infolge seiner günstigen geographischen Gegebenheiten schon in früher, vorgeschichtlicher Zeit verhältnismäßig dicht besiedelt. Die ältesten mit Namen bekannten Bewohner unserer Heimat, die Illyrier, haben hier zahlreiche Spuren ihrer hochentwickelten Kultur hinterlassen. Diese Kultur, die man nach dem wichtigsten Fundort in Oberösterreich als Hallstatt-Kultur bezeichnet, erreichte ihre Blüte im 7. und 6. Jh. v. Chr. Im 4. und 3. Jh. wanderte ein anderes Volk ein, die Kelten. Ihre Stämme bildeten von da an die herrschende Schicht; unter ihnen wurden die gesamten Ostalpenländer zu einem geschlossenen Staatengebilde, dem Königreich Norikum (regnum Noricum), zusammengefaßt. Um 15 v. Chr. ist Norikum dem römischen Weltreich einverleibt worden. Das Land war für Italien als Schutzwall von Bedeutung. Zwischen der am Inn angrenzenden rätischen Provinz im Westen und dem unruhigen Pannonien im Osten war es als Verbindungsglied an sich wichtig und mit seinen reichen Bodenschätzen (Eisen, aber auch Gold, Kupfer, Blei u. a.) überdies eine wertvolle Rohstoffbasis. Wirtschaftliche Beziehungen zwischen dem vorgelagerten kleinen Alpenstaat und dem im Süden angrenzenden mächtigen Reich waren schon lange vorher gepflogen worden. Die Besetzung von Norikum vollzog sich anscheinend in aller Ruhe und ohne jede kriegerische Auseinandersetzung. Auf die Besitznahme folgte bald die Auswertung des neu gewonnenen Gebietes. Mit den römischen Einrichtungen aber drangen zugleich römischer Geist und römische Kultur ein.

Einen ersten Schritt dazu bildete die Anlegung eines Straßennetzes über das ganze Land und die Sicherung der militärisch, verwaltungsmäßig und wirtschaftlich wichtigen Punkte. Unter Kaiser Claudius (41–54 n. Chr.) wurden illyrisch-keltische Siedlungen zu Städten ausgebaut, so Virunum (am Zollfeld in Kärnten), Celeia (Cilli), Juvavum (Salzburg) u. a. Diese waren ihrer geographischen Lage nach von größerem Interesse für das römische Reich als das Gebiet der Mittelsteiermark. Hier wurde erst um das Jahr 70 n. Chr. von Kaiser Vespasian eine Stadt angelegt, und zwar im Südosten des heutigen Leibnitz, in der Ebene gegen die Mur zu, dort, wo sich jetzt die Äcker der Ortschaft Klein-Wagna ausbreiten. Man nannte sie Flavia Solva.

Bei ihren Städtegründungen knüpften die Römer mit Vorliebe an die älteren einheimischen Siedlungen an. Während aber diese gleich mittelalterlichen Burgen auf Anhöhen lagen und befestigt waren, kam mit dem römischen Reich der Friede, und es wurden für die Städte die verkehrsmäßig günstigsten Punkte ausgesucht. So war es auch bei Flavia Solva. Der ehemalige Ort der bodenständigen Bevölkerung wird am Seggauberg zu finden sein, der wie ein Riegel quer vor dem Sulmtal liegt und den Zugang zu diesem fruchtbaren Tal mit seinen reichen, vorgeschichtlichen Kulturen sperrt. Auch der vom Seggauberg durch eine Einsattelung getrennte Frauenberg hat schon in vorrömischer Zeit eine Siedlung getragen. Die Römer haben den illyrischen Namen Solva beibehalten, der vom Flusse Solva, heute Sulm, der ersten Gründung einst gegeben worden war. Den Beinamen Flavia erhielt die neue Stadt nach ihrem Gründer, dem Kaiser Vespasian (69–79), der aus dem Geschlecht der Flavier stammte.

Die genaue Lage von Flavia Solva ist uns durch systematische Ausgrabungen bekannt, die von Fr. Pichler 1877–1878 und in den Jahren 1911–1918 unter der Leitung von Professor W. Schmid durchgeführt wurden. Für die planmäßige Gründung der neuen Siedlung hatten die Römer in der fruchtbaren und anmutigen Landschaft eine etwas erhöhte Terrasse ausgesucht, im Zentrum der weiten Ebene des Leibnitzer Feldes und in unmittelbarer Nähe eines bequemen Flußüberganges. Genau an der Stelle der jetzigen Landscha-Brücke führte einst die Brücke von Flavia Solva über die hier verhältnismäßig schmale Mur.

Wie alle neugegründeten Römerstädte war auch Flavia Solva nach einem schematischen Grundriß angelegt worden, mit geraden Straßen, die – parallel zu einem breiten Kreuz der Hauptstraßen (cardo und decumanus) in der Mitte – sich rechtwinkelig schnitten. Die rechteckigen und quadratischen Häuserblocks oder -inseln (insulae), meist eingeschossig, waren entweder das Heim einer Familie oder umfaßten mehrere Wohnungen mit Mietparteien. Sie waren mit Innenhöfen, auch Gärten ausgestattet, während sich auf die Straße Läden und Geschäftsräume öffneten. Den Mittelpunkt jeder römischen Stadt bildete das Forum, von den wichtigsten öffentlichen Gebäuden eingesäumt und gekrönt von dem Tempel für die Dreiheit der höchsten Reichsgötter, Jupiter, Juno und Minerva. Am Stadtrand war ein Amphitheater erbaut. An den großen, nach außen führenden Straßen lagen die Gräberfelder. So wird sich auch Flavia Solva in seiner Blütezeit als ein bescheidenes Landstädtchen italischen Typs präsentiert haben. Merkwürdigerweise fehlte aber die Wasserleitung und eine entsprechende Kanalisation, sonst eine Selbstverständlichkeit in den fortschrittlichen römischen Stadtanlagen und das Erste der Bauplanung. Man meint, daß dies seinen Grund vielleicht in der außerordentlichen Sparsamkeit des Gründers von Flavia Solva, des Kaisers Vespasian, habe, von dem ja der zum Sprichwort gewordene bekannte Satz stammt, daß Geld nicht rieche („non olet"). Die Wasserversorgung erfolgte aus Schöpfbrunnen. Die Straßen waren mit Rinnsalen versehen.

Seiner rechtlichen Stellung nach war Flavia Solva ein Municipium, d. h. ein römisches Gemeinwesen mit selbständigem, aus Wahlen hervorgegangenem Verwaltungsapparat. An seiner Spitze stand der Gemeinderat (ordo), eine Körperschaft von 100 lebenslänglichen Mitgliedern, Dekurionen. Die Befugnisse des Gemeinderates entsprachen dem des Senats in Rom. Und wie in Rom die beiden Konsuln, so waren es im Municipium auch zwei Männer, duoviri, am ehesten unseren Bürgermeistern vergleichbar, die, jährlich gewählt, dem Rat und dem gesamten Gemeinwesen vorstanden. In beschränktem Maße übten sie auch die Gerichtsbarkeit aus, sie hießen deshalb mit vollem Titel duoviri iure dicundo. Als obersten Beamten kamen ihnen gewisse Ehrenrechte zu, die verbrämte Toga (toga praetexta), der kurulische Stuhl (sella curulis) und eine bestimmte Zahl von Unterbeamten und Dienern, vor allem zwei Liktoren, die mit dem Rutenbündel (fasces), dem Symbol der Staats- beziehungsweise Amtsgewalt, zur ständigen Begleitung des Duovir gehörten, und zwei Schreiber (scribae) in gehobenen Diensten. Ein Liktor und ein Scriba begegnen uns auf einem Relief aus Flavia Solva (diese und die weiteren Fakten stützen sich auf die Inschriften und Darstellungen der römischen Denkmäler im Freilichtmuseum Schloß Seggau). Duoviri werden inschriftlich mehrfach genannt. Auch der Gemeinderat selbst als geschlossene Körperschaft hat sich

Bildstock an der Weinstraße. Beliebtes Ausflugsziel ist die malerische Weinstraße mit ihren vielen Gasthöfen und Buschenschenken; sie führt zum Teil entlang der österreichisch-jugoslawischen Staatsgrenze mitten durch die Weinberge.

Wrought-iron sign on the "Weinstrasse". The picturesque "Weinstraße" – street of wine – with its various inns and winecellars leeds through the vinyards along the Austrian-Jugoslav border, and is often visites by tourists as well as natives.

Une statuette de fer de fonte au bord de la « Weinstrasse », route de vin, mène à travers les coteaux plantés de vignes. Cette contrée est un but d'excursions favorisé. Au bord de cette route on trouve beaucoup de tavernes et de marchands de vins.

Weinhof in der Südsteiermark. Der Süden des steirischen Landes ist gekennzeichnet durch viele kleinere Ansitze und Schlößchen, die, meist auf Hügeln gebaut, weite Fernsicht über die Weinberge bieten.

Estate in the vinyards of South Styria. Characteristic of the southern part of Styria are many small properties and little castles mostly built by the aristocracy on the top of hills and dominating the surrounding vinyards.

Un domaine rural dans la Styrie du Sud. Il y a, au midi de la Styrie, beaucoup de maisons de campagne, de petits châteaux et de gentilhommières desquels on a une vue superbe sur les vignobles.

Schloß Seggauberg bei Leibnitz. Die vielteilige, malerische Anlage des Schlosses Seggau beherbergt viele Römersteine, welche im „alten Turm" eingemauert waren. Sie sind ein Beweis für ein Siedlungskontinuum seit der Römerzeit, liegt doch in der Nähe, bei Leibnitz, die Ausgrabungsstätte der alten Römerstadt Flavia Solva.

The castle Seggauberg near Leibnitz. The picturesque construction of the castle of Seggau gives evidents of the continuing settlement since the time of the Romans. On the inside walls Roman stone reliefs excaveted in the old tower are immured. Nearby (at Leibnitz) you find the excavation of the old Roman town Flavia Solva.

Le château de Seggauberg près de Leibnitz. Dans la bâtisse pittoresque et vaste du château de Seggau se trouvent beaucoup de pierres romaines qui étaient scellées dans les murs de la tour ancienne. Elles sont la preuve d'une colonisation continue depuis l'époque romaine.

Der Klapotez – Wahrzeichen der Südsteiermark. Über allen Weingärten drehen sich die hölzernen Windräder und verscheuchen mit ihrem klappernden Geräusch Vögel, die der Weinernte Schaden bringen könnten.

The Klapotez: landmark of South Styria. The wooden fan blowers are constantly turning above the vinyards; with their rattling noise, they shoo away birds.

Les « Klapotez » – curiosités de la Styrie du Sud. Des roues de bois tournent dans les vignobles et en chassent les oiseaux.

mit Ehreninschriften für den Kaiser verewigt; einzelne Mitglieder stiften solche dem Kaiser anläßlich ihres Eintrittes in den Gemeinderat. Mit den zwei Bürgermeistern wurden noch zwei Ämterführer gewählt, die Ädilen, die eine mannigfaltige Tätigkeit besonders im Polizei- und Bauwesen der Stadt auszuüben hatten. An Organisationen verschiedener Art hat es nicht gefehlt. So gab es in Flavia Solva z. B. einen freiwilligen Feuerwehrverein (collegium centonariorum). 1915 ist bei den Ausgrabungen ein auf Stein geschriebener Gesetzestext zutage getreten, ein Reskript der Kaiser Septimius Severus und Caracalla aus dem Jahre 205 über die Privilegien der Centonarii von Flavia Solva mit dem Namensverzeichnis von 93 Mitgliedern: Ein juristisch interessantes und bedeutendes epigraphisches Denkmal, das heute im Landesmuseum Joanneum in Graz aufbewahrt wird.

Die früher mehrfach vertretene Ansicht, die Stadt sei unter Hadrian (117–138) oder Antonius Pius (138–161) in den Rang einer Colonia erhoben worden, ist nicht haltbar. (Das in einer Prätorianerliste aus dem Jahre 209 [CIL VI 2385 b = 32.533 b] und nur in dieser aufscheinende Ael(ia) Solva dürfte irrtümlich für Fl. oder Fla. Solva stehen.) Die Stadt behielt vielmehr ihren ursprünglichen Namen Flavia Solva und ihre rechtliche Stellung als Municipium bis zu ihrem Untergang.

Die Bevölkerung von Flavia Solva setzte sich, wie aus den Inschriften hervorgeht, hauptsächlich aus eingewanderten Römern und einheimischen, romanisierten Kelten zusammen. Wie stark die Romanisierung wenigstens in der Stadt selbst war, erkennt man aus den Grabinschriften im Schloß Seggau, auf denen nur noch vereinzelt keltische Namen wie Suadra, Samuda, Muso aufscheinen. In dem oben erwähnten, zeitlich jüngeren Verzeichnis der Feuerwehr tragen von 93 Männern noch 16 bzw. deren Väter keltische Namen. Die Mitglieder stammen aus der ärmeren, weniger romanisierten Klasse der Bevölkerung. Auch Fremde lebten in der Stadt, ehemalige Sklaven griechischen Namens, die später als Freigelassene zu Wohlstand gelangten (Eugamus, Eutychus, Aphrodisia, Heracla).

Militär beherbergte Flavia Solva nicht. Abteilungen des aus Peregrinen, Nichtbürgern, sich rekrutierenden Auxiliarmilitärs (auxilia) lagen an der Donau. Eine Legion hatte Norikum als friedliches Land zunächst überhaupt nicht in Garnison: erst nach den Markomannenkriegen (166–180) blieb die Legio II Italica in der Provinz und erhielt das an der Donaugrenze gelegene Lauriacum (Lorch-Enns, Ob.-Öst.) als Lager zugewiesen. Die im Bereich von Flavia Solva errichteten Militärgrabsteine galten – meist zusammen mit anderen Familienmitgliedern – Soldaten, die hier beheimatet waren.

Die Befugnisse der Behörden von Flavia Solva erstreckten sich nicht nur auf die Stadt selbst, sondern auch auf einen ausgedehnten Landbezirk, der ihr als Lebensraum zugeteilt und verwaltungsmäßig unterstellt war. Dieser Landbezirk umfaßte die ganze Mittelsteiermark, und im Norden gehörte vielleicht auch das Mürztal dazu. Im Westen traf er auf der Koralpe mit dem Gebiete von Virunum, der Hauptstadt von Norikum, zusammen, während im Osten die Trennungslinie gegenüber der Provinz Pannonia Superior (Ober-Pannonien) entlang der Lafnitz in großen Zügen ungefähr mit der jetzigen Grenze zwischen Steiermark und Burgenland übereinstimmt. Im Süden dehnte sich das Gebiet von Flavia Solva bis an die Drau aus, wo es an die Bezirke von Celeia (Cilli) und dem zu Pannonien gehörigen Poetovio (Pettau) stieß. In dem ganzen umrissenen Gebiet der Steiermark künden heute noch an vielen Orten Denkmäler, vor allem Grabsteine, meist in den Kirchenwänden eingemauert, von der Kultur der Römerzeit. So z. B. in Piber in der Weststeiermark oder in der Umgebung von Hartberg und Waltersdorf im Nordosten oder in Gamlitz bei Ehrenhausen und in Straß im Süden, um nur diese gleichsam als Eckpunkte in verschiedenen Himmelsrichtungen herauszugreifen.

Die Bevölkerungsdichte innerhalb dieses großen Verwaltungsbezirkes war freilich nicht gleichmäßig. In den waldreichen Gegenden werden nur Einzelgehöfte angelegt gewesen sein, während sich in den fruchtbaren Ebenen geschlossene Siedlungen und Dörfer (vici) ausbreiteten, deren Namen wir allerdings nicht mehr kennen. Vor allem gab es auch eine große Zahl reicher Landsitze. Der Grund gehörte im allgemeinen den freien Bauern, aber auch den Städtern, die ihn von Sklaven bearbeiten ließen oder verpachteten. Die Verbindung zur Stadt war mittels guter Straßen und Wege hergestellt. Die Hauptverkehrsstraße ging von Flavia Solva aus nordwärts der Mur entlang über Graz nach Bruck, wo eine Poststation anzunehmen ist. Hier trennte sie sich in drei Linien, von denen eine weiter flußaufwärts bis Tamsweg den Anschluß an die Reichsstraße Virunum-Juvavum (Zollfeld–Salzburg) herstellte, eine zweite durch das Liesing-Paltental über Trieben in die Straße Virunum–Ovilava (Wels, Ob.-Öst.) einmündete, während eine dritte Abzweigung in das Mürztal führte. Nach Süden zu lief die Hauptstraße zur Drau über Marburg als Brückenkopf bis etwa Windisch-Feistritz, wo sie auf die Verkehrslinie Celeia–Poetovio (Cilli-Pettau) traf. Ein drauaufwärts nach Westen führender Straßenzug stellte die Verbindung zur Hauptstadt Virunum her. Außerdem gab es viele Straßen zweiter und dritter Ordnung, die den Verkehr innerhalb des Bezirkes vermittelten. So war das Kainachtal samt seinen Seitentälern mit Flavia Solva verbunden; die Marmorbrüche im Oswaldgraben am Osthang der Gleinalpe lieferten Material für die Denkmäler und kostbaren Bauten der Stadt. Im Nordosten führte eine Straße zu den Niederlassungen in der Oststeiermark bis in die Gegend von Hartberg, eine andere direkt nach dem Osten über die Mur nach Straß in Richtung Radkersburg. Im Westen war der Übergang über die Koralpe schon in vorrömischer Zeit gesichert. Das sind nur die Hauptstraßenzüge. Abzweigungen führten auch in die entlegeneren Gegenden, und auf schmalen Karrenwegen gelangte man schließlich auch zu den Einzelanwesen. So war also der gesamte Landbezirk mit der Stadt Flavia Solva verbunden, die das Zentrum der Verwaltung, der Wirtschaft und nicht zuletzt auch der Kultur bildete. Freilich war die Stadt selbst innerhalb der Provinz nur von örtlicher Bedeutung, von dem pulsierenden Leben des römischen Weltreiches lag sie abseits. Die alte Handelsstraße, Bernsteinstraße genannt, die aus Italien bis an die Ostsee führte, zog im Osten, schon auf pannonischem Boden, vorbei. Die wichtigste norische Straße aber, welche Aquileia, die strategisch bedeutende und durch ihren blühenden Handel reiche Stadt im Nordwinkel des Adriatischen Meeres, mit Virunum verband und von hier aus zur Donau strebte, ließ Flavia Solva gleichfalls unberührt. Es lag zwischen den großen Verkehrsadern, fern vom lebhaften Getriebe und den entscheidenden Ereignissen. In den alle Länder umspannenden antiken Stations- und Straßenverzeichnissen (Itinerarien) scheint es nicht auf. Die Geschichte des Reiches, in der sie keine Rolle spielte, erwähnt die Stadt nicht. Nur ein einziger römischer Schriftsteller, der ältere Plinius (1. Jh. n. Chr.), führt Solvense (nämlich „oppidum“) in einer geographischen Aufzählung unter den anderen Städten Norikums als flavische Gründung an (nat. hist. III 24, 146).

Dieser Abgeschiedenheit verdankt Flavia Solva eine lange Zeit ungestörter Entwicklung. Unter günstigen Voraussetzungen gegründet, inmitten eines fruchtbaren, an allen landwirtschaftlichen Produkten reichen Gebietes führte es unter geregelten Verhältnissen ein ruhiges Dasein. Hundert Jahre hindurch konnte es in sicherem Frieden wachsen, seine Einrichtungen festigen und allmählich zur Blüte und zu materiellem Wohlstand gelangen. Der Einfluß des Römertums war naturgemäß von Anfang an sehr stark, doch ging die Romanisierung ohne jeden Zwang vor sich. Am deutlichsten kommt dies in der Religion zum Ausdruck. Der eingeführte römische Staats- und Kaiserkult verdrängte nicht die alten einheimischen Gottheiten. Ihr Kult fand weiterhin durchaus offizielle Pflege. Häufig wurden auch einheimische Götter an römische angeglichen und unter römischen Namen verehrt (sog. Interpretatio Romana). So spielte in Flavia Solva neben dem Kult des Iupiter Optimus Maximus und zweifellos auch anderer hoher Staatsgottheiten der des Mars eine große Rolle und zwar eines Mars, der einem alten, von keltischen Völkerschaften verehrten Gott gleichgesetzt war und deshalb – nach dem Stamm der Latobiker – Mars Latobius hieß. Ein Heiligtum dieses Gottes ist weniger innerhalb der Stadt als vielmehr in Fortführung einer alten keltischen Kultstätte auf einer der umliegenden Höhen, vielleicht auf dem Seggauberg selbst, anzunehmen. Auf dem Frauenberg sind in den Jahren 1951–1954 vom Landesarchäologen W. Modrijan Reste eines Tempels italisch-römischer Bauart in Form eines Rechtecks (20 + 11,5 m) mit voll gemauerter halbrunder Apsis freigelegt worden. Das Sockelpodium wurde konserviert, die wenigen Bruchstücke des Aufbaues und des Inventars (Gesims- und andere Architekturteile, Reste von Stuck und Malerei sowie Kleinfunde) sind in einem Lokalmuseum im Keller des darübergebauten Missarhauses ausgestellt. Nach einem Inschriftfragment ist der Kultbau wahrscheinlich der Isis-Noreia, der von den Römern der Isis gleichgesetzten Schutz- und Landesgöttin Norikums, geweiht gewesen. Spezielle lokale Gottheiten lassen sich für Flavia Solva nicht nachweisen. Auffallend ist, daß in den aufgedeckten Teilen der Stadt selbst kein Heiligtum gefunden wurde. Ein Zeugnis der weitverbreiteten Mithras-Religion, das Fragment eines Reliefs mit dem Bilde des stiertötenden Gottes, ist unweit der antiken Stadt, in St. Veit am Vogau, zum Vorschein gekommen. Spuren des Christentums sind bisher weder in der Stadt noch in ihrem Landbezirk zutagegetreten. Auf die Bevölkerung des Landes wirkte sich der römische Einfluß naturgemäß langsamer und schwächer aus. Sie hielt viel mehr an ihren ererbten, bodenständigen Gebräuchen und Einrichtungen fest als jene, die sich in der Stadt niederließ und sich bald an römische Art gewöhnte und selbst römische Lebensformen annahm. Die wohlhabenden Städter richteten ihre Häuser und Villen nach römischem Muster ein, statteten sie mit einer „Zentralheizung" aus, die die Räume hauptsächlich vom Fußboden her erwärmte (Hypokausten), verzierten die Wände ihrer Zimmer mit Malerei und belegten die Fußböden mit Mosaiken. Die Männer rechneten es sich in guten Zeiten zur Ehre an, städtische Ämter zu bekleiden und Mitglieder des Rates zu werden. Sie waren stolz auf das ihnen verliehene Bürgerrecht, nahmen römische Namen an und trugen die römische Toga. Ihre Frauen, mehr am Althergebrachten hängend, hielten nicht in allem mit ihnen Schritt. Sie legten die landesübliche Tracht mit der eigentümlichen Kopfbedeckung und den besonderen Schmuckgarnituren nicht der römischen Mode zuliebe ab und kleideten auch ihre Töchter danach. Wir sehen das immer wieder an den vielen Grabdenkmälern, die die Bilder der Verstorbenen verewigt haben.

Die zahlreichen monumentalen Grabsteine, die aus dieser Zeit auf uns gekommen sind, bilden den besten Beweis für den damals herrschenden Wohlstand. Zugleich legen sie auch Zeugnis ab von der Höhe des Kunsthandwerkes, das sich in der römischen Provinzstadt entfaltet hatte. Doch ein Jahrhundert nach der Gründung von Flavia Solva wurde die friedvolle Entwicklung jäh abgerissen. Es waren die Scharen der Markomannen, die im Verein mit anderen germanischen Volksstämmen über die Donaugrenze hereinbrachen und in einem gewaltigen Vorstoß über die Alpen nach Italien bis Aquileia vordringen konnten. Dabei führte sie ihr Weg auch durch das Gebiet von Flavia Solva; die offene Stadt wurde überrannt, zerstört und ging in Flammen auf. Das römische Reich unter Kaiser Mark Aurel (161–180) hatte 14 Jahre lang (166–180) schwer mit den Donaugermanen zu kämpfen. Als der Friede geschlossen war, gingen auch die Bewohner von Flavia Solva daran, ihre Stadt wieder aufzubauen. Über den Trümmern der niedergebrannten Bauten wurden zunächst in Eile kleinere, in jeder Hinsicht bescheidene Häuser errichtet. Es brauchte eben Zeit, bis sich Flavia Solva von den Folgen des Krieges erholt hatte. Allmählich aber war die Stadt wiedererstanden und gegen Ende des 3. Jhs. zu einer neuen Blüte gelangt. Eine neue Periode eines Generationen hindurch andauernden, ungestörten Friedens erlebte sie jedoch nicht mehr. Wie die Ausgrabungen gezeigt haben, war sie mehrmals von schweren Feuersbrünsten heimgesucht worden. Vermutlich hatten sie die im 4. Jh. wiederholt vorbeiziehenden fremden Völkerscharen in Brand gesteckt. In den ersten Jahren des 5. Jhs. schließlich wurde Flavia Solva von den eindringenden Germanen, vielleicht von den hauptsächlich aus Goten zusammengesetzten Horden des Königs Radagais im Jahre 405/06, endgültig vernichtet. Die überlebende Bevölkerung zog sich auf die umliegenden Höhen und Berge, von denen sie einst unter dem Schutz der Römer in die Ebene herabgesiedelt war, wieder zurück. Die Zerstörung der Stadt war eine vollständige, ihre verlassenen Ruinen verfielen.

Das später gegründete Städtchen Leibnitz (von slowen. lipa = Linde), ca. *2 km* nordwestlich der antiken Stätte, hat keinerlei Zusammenhang mehr mit der ehemaligen Römerstadt. Nur ihr Name lebt in veränderter Form weiter, so in dem Flurnamen Sülvern in den Murauen (zwischen den Dörfern Wagna und Klein-Wagna) oder in Bezeichnungen wie Silberwald, Silberberg, Silberbach in der näheren Umgebung, die über Sülverwald usw. aus Solverwald entstanden sind. Und schließlich, wie schon erwähnt, im Namen der Sulm, die im Mittelalter Sulpa oder Sulbe genannt wurde. Die durch die Ausgrabung aufgedeckten Teile des Stadtbereiches von Flavia Solva wurden wieder zugeschüttet, um nicht den Fruchtboden der Nutzung auf die Dauer zu entziehen. Wer aber entlang der Felder und Äcker schreitet, die sich im Südosten von Leibnitz gegen die Mur zu ausdehnen, wird – besonders zu Zeiten, da die Erde frisch gepflügt ist – viele kleine Bruchstücke aus Ton finden, Scherben von verschiedenen Gefäßen, rötliche, graue und dunklere, von Gebrauchsgeschirr herrührend, auch Ziegelstücke, Brocken von Mörtel und Mauerwerk. Immer wieder kommen sie aus dem Boden zum Vorschein und zeugen vom Leben und der Kultur, die hier einst geblüht haben.

Erna Diez

Mausoleum in Ehrenhausen. Auf halber Höhe zwischen Markt und Schloß Ehrenhausen liegt auf einer künstlichen Terrasse das Mausoleum des Grafen Ruprecht von Eggenberg, der wohl am stärksten manieristische Bau in der Steiermark. Zwei überlebensgroße Grabwächter stehen zu seiten der überreich gegliederten Fassade.

The mausoleum in Ehrenhausen. Halfway between the market-town and the castle Ehrenhausen of Ruprecht von Eggenberg, built on an artificial terrasse, you find an early baroque mausoleum, one of the most beautiful of its kind.

Le mausolée de Rupert d'Eggenberg à Ehrenhausen. Sur une terrasse artificielle entre le bourg et le château d'Ehrenhausen se trouve ce mausolée qui compte parmi les plus beaux du début du baroque. La porte d'entrée est flanquée par deux gardiens de pierre.

Der Markt Ehrenhausen liegt an der Mündung der Gamlitz in die Mur, nahe der jugoslawischen Grenze. Die spätbarocke Pfarrkirche und die malerischen Bürgerhäuser prägen das Stadtbild.

The market-town of Ehrenhausen at the confluence of Gamlitz and Mur, near the Yugoslav border. The late Baroque church and the picturesque houses give the town its much admired appearance.

Le bourg d'Ehrenhausen. Le bourg d'Ehrenhausen se trouve au confluent de la Gamlitz et de la Mur près de la frontière yougoslave. L'église paroissiale baroque et les maisons des bourgeois sont très pittoresques.

Lese im steirischen Weinland. Im Herbst, einer Zeit reichen Segens, wird bei strahlendem Wetter die Ernte eingebracht.

Vintage in South Styria. The styrian wineland brings forth a specially good grape. In the mild, dry October air the vines begin to change colour.

Les vendanges. L'automne, c'est la saison des vendanges et du beau temps dans les vignobles de la Styrie.

Der Brotloab

Heint kimm i schon vom Gumpeneck,
da hört ma nix wia klinga,
die Hummel streicht die Brummelgeign,
die Käferla tan singa.
Es muaß der Hochwald und die Woad
im Windeshauch verschnauern,
und d'Almen ruahn im schönsten Kload,
wia feirtags die Bauern.
Weiß spieln die Nebel seit der Früah
um d'Hütten Ringareia,
und auf der milden Groamatblüah
leit jungfräuli der Schleier.
I han mi zwischen Kalm und Kuah
stad hingsetzt aufn Wasn,
und in der Strubb a Halterbua
hat Schwegelpfeifen blasn.
Der Enzian laßt wia Kelch
Tautropfen auf die Finger.
Der Almrausch wird da obn nit welch
und 's Herz bleibt ahwohl jünger.
Derweil die Glocken laut erbebn,
bergab han mi müan denken:
Die Blumen, frisch wia 's ewig Lebn,
wir i dem Brautpaar schenken.
Aft bin i über Grabn und Zäun
hoamgrennt, schön müad vom Fasten.
Da fallt ma gach der Brotloab ein,
i heb ihn ausm Kasten.
I leg ihn in an sträbern Korb
und tua 'n enk überreichen.
Nehmts an den großen Bauernloab,
er is a heiligs Zeichen,
und er bedeut': In Kriag und Not
muaß man zum Herrgott glängen,
er möge enk das täglich Brot
noch viele Jahr gesengen.

(Hochzeitsspruch der Moardirn aus dem Spiel vom Prinzen Johann)
Paula Grogger
verschnauern = ausatmend rastend
Groamat = Grummet
Strubb = Dickicht
glängen = langen

Die Südsteiermark. Von den Gipfeln des südsteirischen Hügellandes schweift der Blick weit nach Süden bis zu den jugoslawischen Bergen.

The vinyards of South Styria in autumn. From the summits of the hills in southern Styria the eyes of the visitor are wandering far southwards to the yougoslav mountains. South Styria is known for its sunny climate.

La Styrie du Sud. Pays de vignobles. Du haut des collines le passant promène ses regards jusqu'aux montagnes de la Yougoslavie.

Quellennachweis

Karl Amon, Schloß Seggau (S. 91). Aus: „Schloß Seggau", herausgegeben von Karl Wagner, Schloß Seggau, Leibnitz

Briefe aus dem Ausseer Land (S. 28). Aus: „Briefe von Hugo von Hofmannsthal". S. Fischer-Verlag GmbH., Frankfurt am Main

Viktor Buchgraber, Abend auf dem Grundlsee (S. 31). Aus: „Mein Österreich, mein Vaterland", Verlag Styria, Graz

Liselotte Buchenauer, Himmlischer Weg durch die Höll (S. 40), Kleiner Berg ganz groß (S. 57). Aus: „Wandern in der Steiermark", Tyrolia-Verlag, Innsbruck

Ignaz Franz Castelli, Oststeirische Schlösser (S. 85). Aus: „Memoiren meines Lebens", Georg Müller-Verlag, München

Erna Diez, Flavia Solva (S. 95). Aus: „Flavia Solva", Österreichisches Archäologisches Institut, Wien

Paula Grogger, Steirische Landschaft (S. 32). Aus: „Aus meinem Paradeisgarten", Stiasny-Verlag, Graz

Paula Grogger, Der Brotloab (S. 101). Aus: „Das Bauernjahr", Verlag Styria, Graz

Joseph Freiherr Hammer von Purgstall, Die Riegersburg (S. 86). Aus: „Die Gallerin auf der Riegersburg", Verlag Leske, Darmstadt

Alois Hergouth, Heimat (S. 7), Im Stadtpark (S. 75). Aus: „Neon und Psyche", Stiasny-Verlag, Graz

Udo Illig, Reiseland Steiermark (S. 37). Aus: „Steiermark – Land, Leute, Leistung", Verlag Styria, Graz

Paul Anton Keller, Frühling im Sausal (S. 87). Gekürzter Auszug aus der noch unveröffentlichen 3. Auflage des Buches „Das Sausaler Jahr"

Hans Kloepfer, Spätherbst (S. 63). Aus: „Werke. Band 1", herausgegeben von Wilhelm Danhofer im Verlag der Alpenlandbuchhandlung, Graz

Hanns Koren, Einheit und Eigenart des Landes (gekürzt). Aus: „Reden", Verlag Styria, Graz

Franz Leskoschek, Der steirische Schilcher (S. 90). Aus: „Blätter für Heimatkunde, 31. Jg.", Graz

Ernst Marboe, Wortpalette Steiermark (S. 39). Aus: „Das Österreich-Buch", Verlag der Österreichischen Staatsdruckerei, Wien

Max Mell, Der Dachstein (S. 27). Aus: „Gesammelte Werke. Band I", Amandus-Verlag, Wien

Hubert Mumelter, Liebe zur Steiermark (S. 82). Aus: „Österreich in Farben", Tyrolia-Verlag, Innsbruck

Franz Nabl, Wie ein Traumbild (S. 29). Aus: „Steiermark – Land, Leute, Leistung", Verlag Styria, Graz

Franz Nabl, Durch die steirische Landschaft (S. 45). Aus: „Das ist Steiermark", Verlag Styria, Graz

Peter Rosegger, Der Tisch (S. 42). Aus: „Waldheimat. Erinnerungen aus der Jugendzeit", Verlag Heckenast, Preßburg

Viktor Theis, Erzherzog Johann und die Steiermark (S. 65). Aus: „Steiermark – Land, Leute, Leistung", Verlag Styria, Graz

Hannelore Valencak, Graz, eine Stadt, die nicht am Weg liegt (S. 79). Aus: „Österreich in Farben", Tyrolia-Verlag, Innsbruck

Anton Wildgans, Elegie vom Rosenberg (S. 64). Aus: „Sämtliche Werke. Band I", Verlag Anton Pustet, Wien